Miyuki Lacza

Origami
Kinderleichte Falt-Ideen

Creativ Compact

Christophorus

Inhalt

Faltspaß mit Papier

Origami ist die japanische Papierfaltkunst (japanisch „Ori"– falten, „Kami" – Papier). Aus einem quadratischen Blatt Papier entstehen die unglaublichsten dreidimensionalen Figuren. Diese Papierfaltkunst hat sich vor über 1000 Jahren entwickelt und wird inzwischen pädagogisch und therapeutisch eingesetzt, so nutzen z. B. Psychologen die konzentrationsfördernde und entspannende Wirkung des Origami.

Origami regt spielerisch die kreativ-künstlerischen Fähigkeiten an wie auch das mathematische und geometrische Verständnis. Wenn man ein quadratisches Blatt Papier diagonal faltet, ergibt sich ein Dreieck. Wie erhält man ein Fünfeck, ein Sechseck? Die Kinder lernen nicht nur „Nachmachen", sondern selber Denken und Gestalten. Origami ist also eine geistig anregende Tätigkeit, die Ruhe, Konzentration, Kreativität und Feinmotorik fördert – und Origami macht vor allem sehr viel Spaß, insbesondere im Dialog zwischen Erwachsenen und Kindern.

Dieses Buch ist für Kinder (und Eltern) gedacht, die zum ersten Mal Papier falten. Schritt für Schritt zeigen die Zeichnungen im Vorlagenheft, wie's geht. Die Faltmodelle sind nach Schwierigkeitsgraden geordnet. Begonnen wird mit einfachen, noch flachen Objekten, um die Grundbegriffe des Faltens zu verdeutlichen, im nächsten Schritt kommen dreidimensionale Modelle hinzu. So entstehen Modelle, die nicht nur beim Falten Spaß machen, sondern auch zum Spielen und Dekorieren verwendet werden können.

Miyuki Lacza

Material

Material

Die Grundform der hier verwendeten Faltpapiere ist quadratisch, rechteckig oder kreisrund. Bei Quadraten ist es wichtig, dass alle vier Seiten gleich lang und gerade geschnitten sind. Empfehlenswert sind fertige Faltpapiere.

Für Kinder darf die Faltarbeit nicht zu klein werden, für Anfänger sollte das Papier mindestens 15 x 15 cm haben. Geübtere Kinder kommen dann auch mit kleineren Formaten zurecht.

Das verwendete Papier darf nicht leicht reißen, aber auch nicht zu fest sein. Festes Papier erschwert das Falten.

Im Fachhandel werden *Faltblätter* aus unterschiedlichen Papiersorten angeboten, zum Beispiel von der Buntpapierfabrik Ludwig Bähr:

1. *Faltblätter superintensiv* (65 g/qm)
2. *Strohseide-Faltblätter* (25 g/qm)
3. *Transparentpapier-Faltblätter* (42 g/qm)
4. *Japanische Origami-Faltblätter* (70 g/qm), beidseitig unterschiedlich bedruckt
5. *Faltblätter aus Regenbogen-Buntpapier* (115 g/qm), einseitig bedruckt
6. *Origami-Faltblätter* (75 g/qm), einseitig bedruckt

1

2

3

4

5

6

Tipps zur Falttechnik

Tipps

- Das Vorlagenheft mit den Schritt-für-Schritt-Zeichnungen ist so gestaltet, dass Kinder die Faltungen selbstständig ausführen können, wenn sie folgende Grundregeln beachten:
  - Darauf achten, wie das Papier zu halten ist.
  - Gerade und exakt falten.
  - Die Ecken genau übereinander legen und sorgfältig falten.
  - Die Faltkante mit dem Zeigefinger nachfahren.
  - Beim Falten nicht nur den jeweiligen, sondern auch den folgenden Schritt ansehen.
  - Die auf Seite 6/7 abgebildeten Faltsymbole beachten, insbesondere den Hinweis „wenden".
  - Auf einer festen, glatten Fläche falten.
- Setzen Sie sich zu den Kindern, stellen Sie das Buch vor und zeigen Sie Ihnen die Bilder. Lassen Sie die Kinder selbst entscheiden, welche Motive sie falten möchten.
- Erklären Sie den Kindern die Grundregeln und helfen Sie ihnen, bis sie diese verstanden haben.
- Die Kinder sollten nur so lange falten, wie sie sich konzentrieren können.

Vorlagenheft

Im heraustrennbaren Vorlagenheft befinden sich Schritt-für-Schritt-Faltanleitungen, die nach Bedarf mit Faltsymbolen und Textanleitungen versehen sind. Trennen Sie das Heft heraus und legen Sie die gezeichnete Faltanleitung neben das aufgeschlagene Buch, das die Faltsymbole von Seite 6/7 zeigen sollte.

Schwierigkeitsgrade

Bei jedem Motiv ist der Schwierigkeitsgrad der Faltarbeit angegeben. Er bezieht sich nicht auf die Ausgestaltung des Motivs. Bitte beachten Sie, dass Angaben von Schwierigsgraden immer nur richtungsweisend sind. Bei Kindern gleichen Alters können die feinmotorischen Fähigkeiten unterschiedlich entwickelt sein.

*	*gelingt leicht*
**	*etwas schwieriger*
***	*erfordert Konzentration*
****	*erfordert Geduld und Konzentration*

Faltsymbole

Talfalte (nach vorn falten)

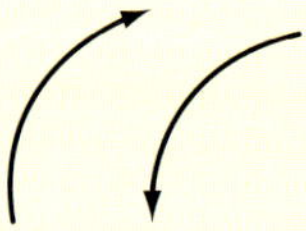
Pfeile bei Talfalten

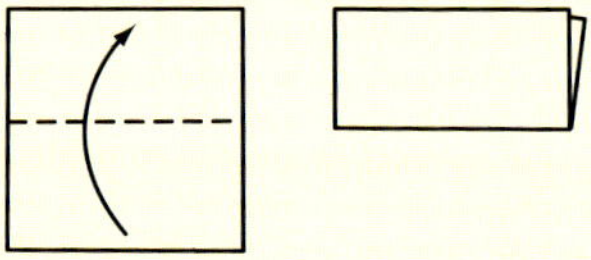

Bergfalte (nach hinten falten)

Pfeile bei Bergfalten

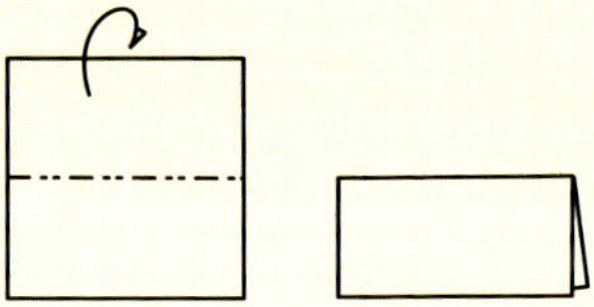

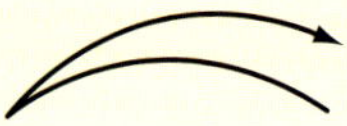
Falten und wieder entfalten

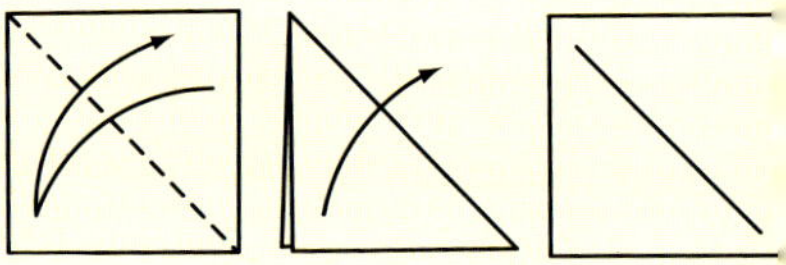

Vorhandene Falte

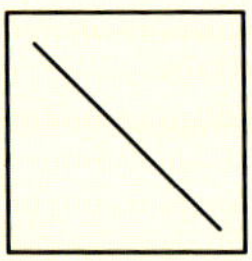

Figur umdrehen

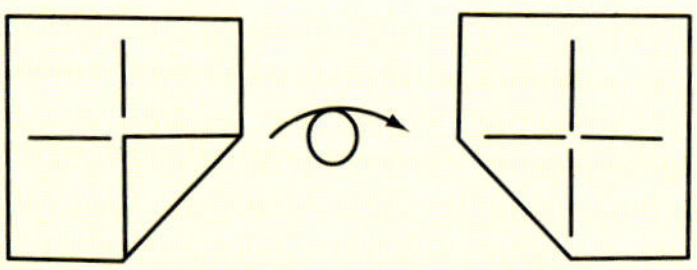

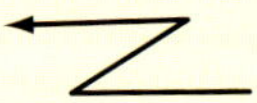
Zickzack falten

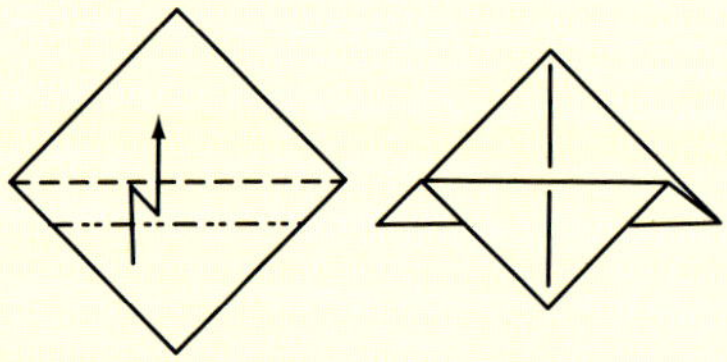

Vergrößerte Ansicht

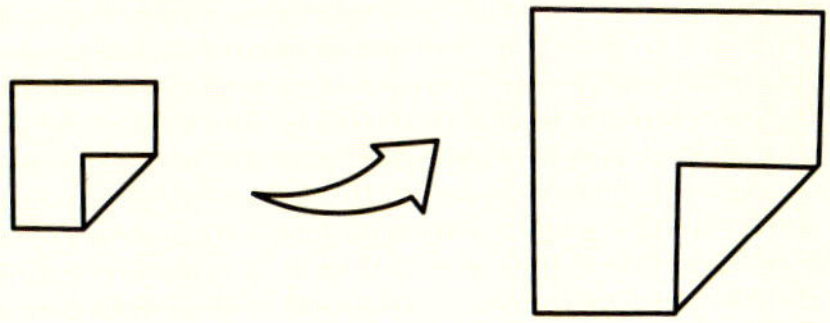

Aufklappen/Herausziehen

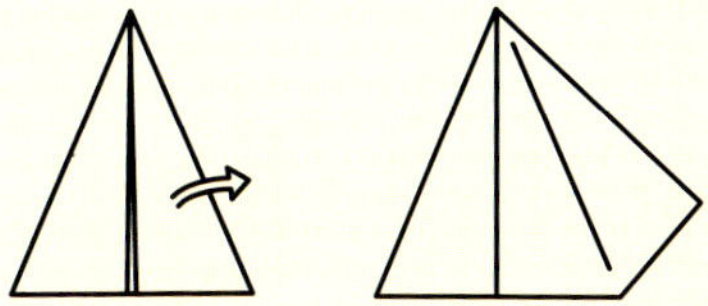

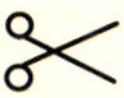

Schneiden

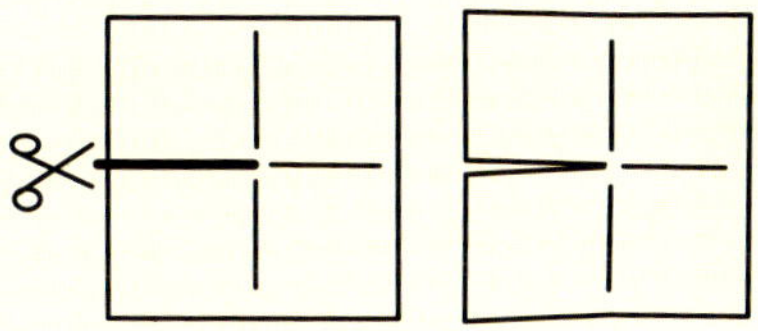

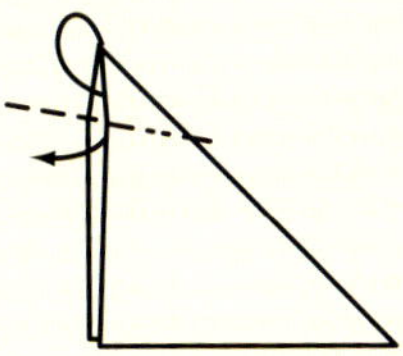

Gegenbruchfalte nach innen: Zum Beispiel den Hals einer Figur mit einer Talfalte nach unten falten. Die Falte mit dem Fingernagel nachziehen. Dann das Papier gegen die vorhandene Falte nach innen falten.

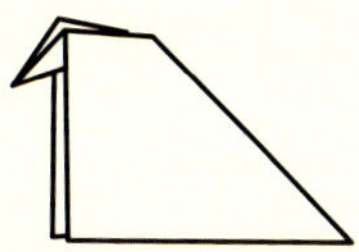

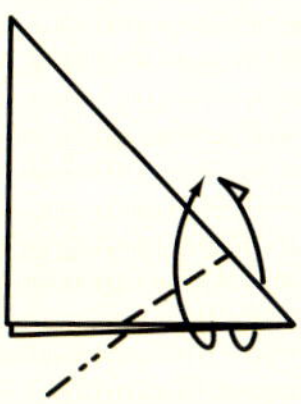

Gegenbruchfalte nach außen: Das Papier gegen die vorhandene Falte nach außen falten.

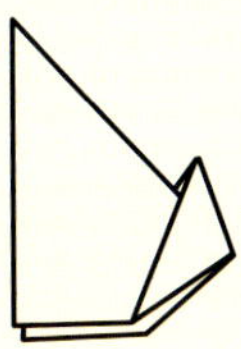

Katzen und Hunde

Material

- Faltblätter in Grau, Orange, 15 x 15 cm, 10 x 10 cm
- Papierreste in Weiß, Gelb (für die Augen)
- Schere
- Filzstift in Schwarz
- Klebstoff
- Münze als Schablone für die Augen

Vorlagenheft
Seite 2 bis 5

Schwierigkeitsgrad

*

Blumen und Schmetterlinge

Material

Für jede Blume

- Regenbogen-Faltblatt, 15 x 15 cm oder 10 x 10 cm
- Faltblatt in Hell- oder Dunkelgrün, 15 x 15 cm oder 10 x 10 cm
- Klebstoff

Für jeden Schmetterling

- Strohseide-Faltblatt, 19,5 x 19,5 cm (obere Flügel)
- Regenbogen-Faltblatt, 15 x 15 cm (mittlerer Flügel)
- Regenbogen-Faltblatt, kreisrund, 15 cm Durchmesser, (unterer Flügel)
- Biegeplüsch, 25 cm

Vorlagenheft

Seite 6 bis 10

Schwierigkeitsgrade

Blume

*

Schmetterling

* * *

Finger-puppen

Material

- Origami-Faltblätter, einseitig bedruckt, 10 x 10 cm oder 7,5 x 7,5 cm (je nach Fingergröße zuschneiden)
- Filzstift in Schwarz

Vorlagenheft
Seite 11

Schwierigkeitsgrad
*

Handpuppe „Schnapp“

Material

- Tonpapier, auf DIN-A5-Format zugeschnitten
- Papierreste in Weiß (für die Augen)
- Selbstklebende Markierungspunkte in Schwarz (für die Nasen)
- Schere
- Filzstift in Schwarz
- Klebstoff
- Münze als Schablone für die Augen

Vorlagenheft
Seite 12/13

Schwierigkeitsgrad

**

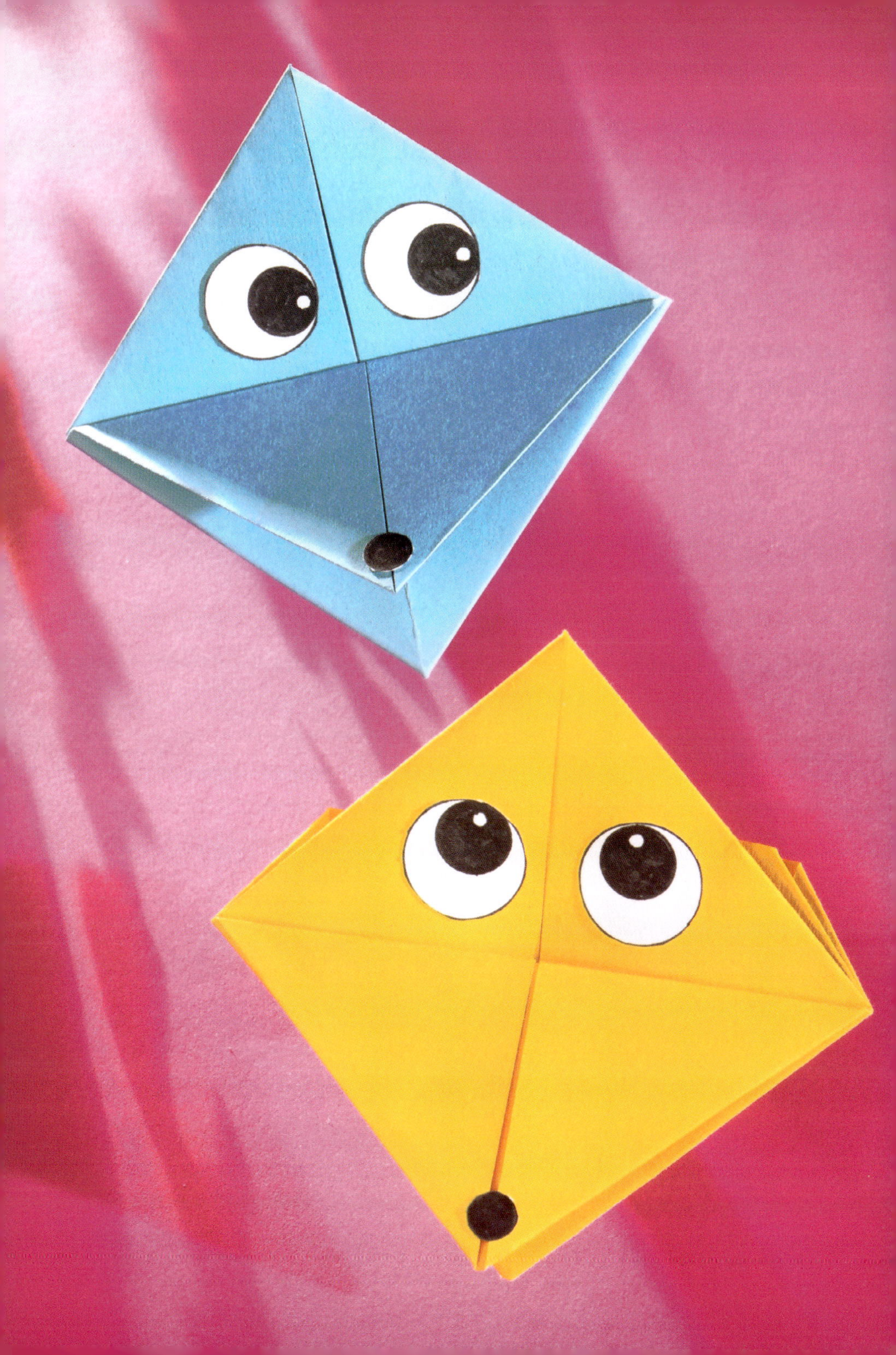

Kleine Tüten und Taschen

Material

Geschenktüten

- Strohseide-Faltblätter 19,5 x 19,5 cm
- Geschenkband, 4 mm breit

Kleine Taschen

- Origami-Faltblätter, einseitig bedruckt, 19 x 19 cm
- Dünne Silberkordel
- Stopfnadel

Vorlagenheft
Seite 14/15

Schwierigkeitsgrad
**

Vorlagenheft

Reihe Creativ Compact
„Origami. Kinderleichte Falt-Ideen"
von Miyuki Lacza

ISBN 3-419-56704-9

Zeichnungen:
Miyuki Lacza

Satz und Montage: Elke Fox

Hinweis

Dieses Vorlagenheft kann aus dem Buch herausgenommen werden. Dazu die obere und die untere Klammer in der Mitte des Buches öffnen. Die mittlere Klammer nicht öffnen, sie hält das Vorlagenheft zusammen. Das Vorlagenheft herausnehmen und die Klammern wieder schließen.

Katze

Abbildung & Materialangaben Seite 8/9

Kopf

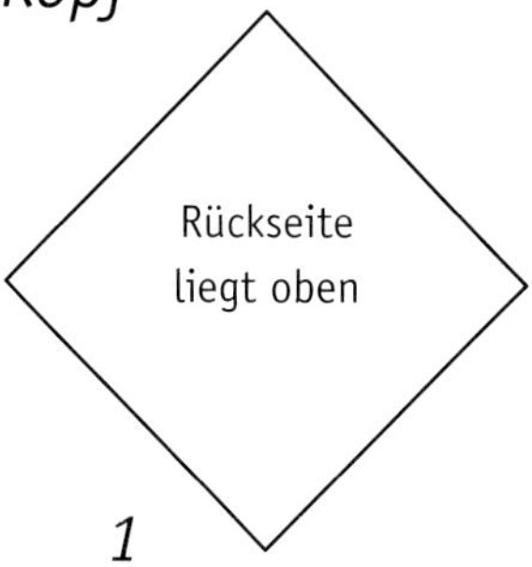

1

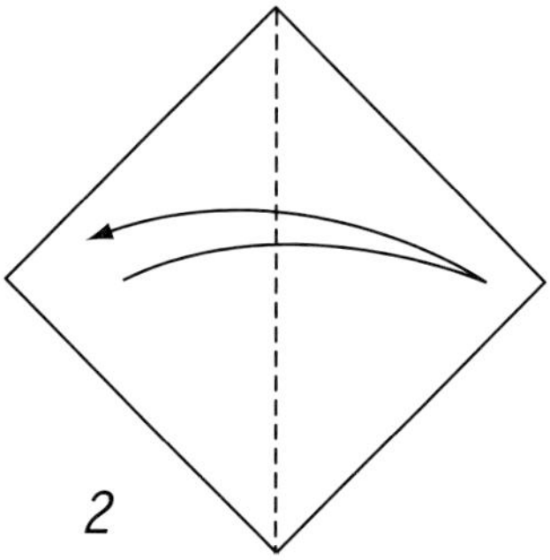

2

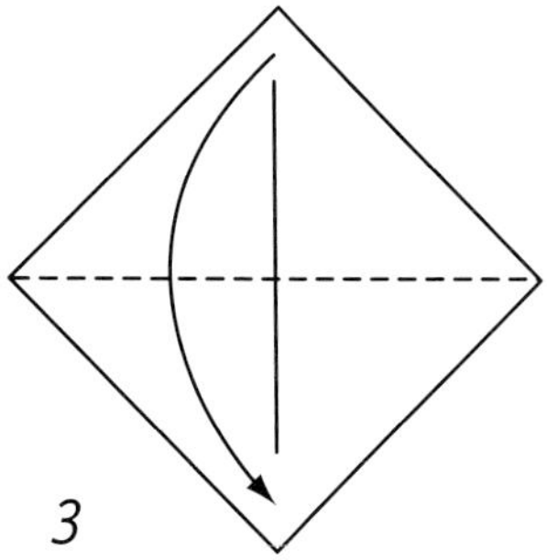

3

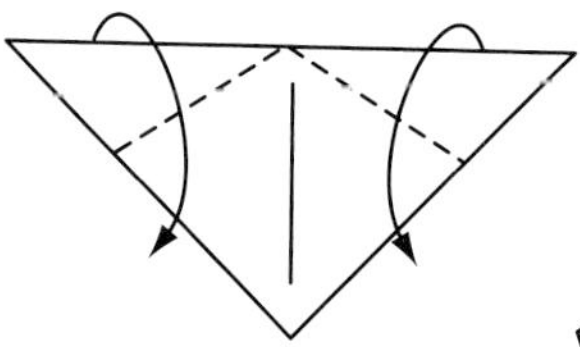

4

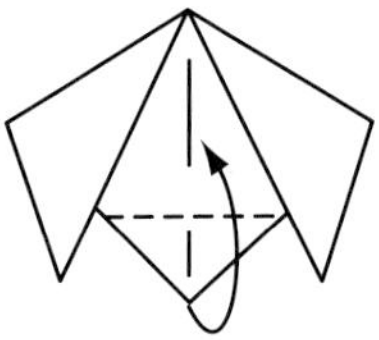

5

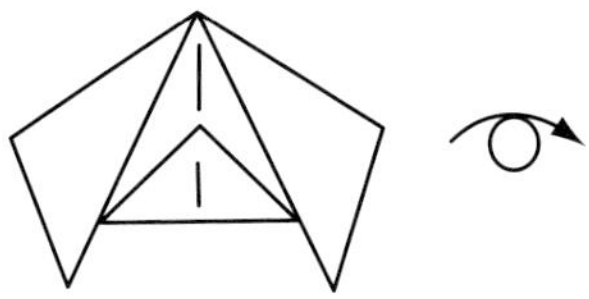

6 Ergebnis von Schritt 5.
Den Kopf wenden und so drehen, dass die Ohren oben sind.

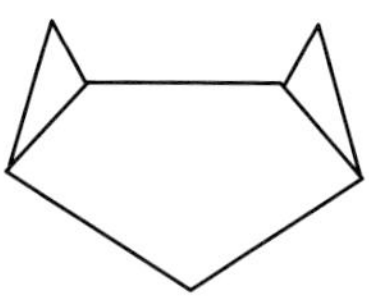

7

Für die Augen jeweils ein Cent-Stück auf weißes Papier legen und mit einem schwarzen Filzstift umfahren. Pupillen aufmalen. Die Augen ausschneiden und auf den Kopf kleben. Die Nase mit Filzstift aufmalen.

Körper

1

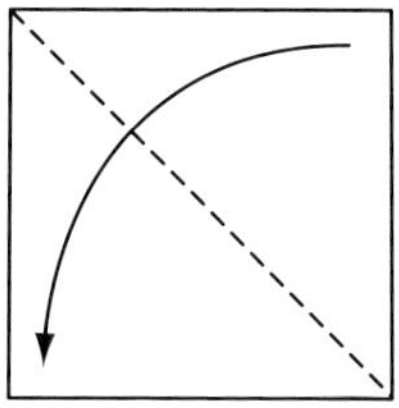

2

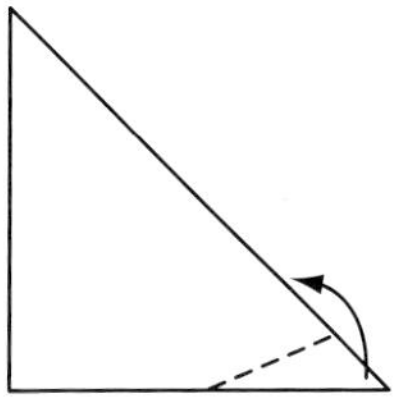

3

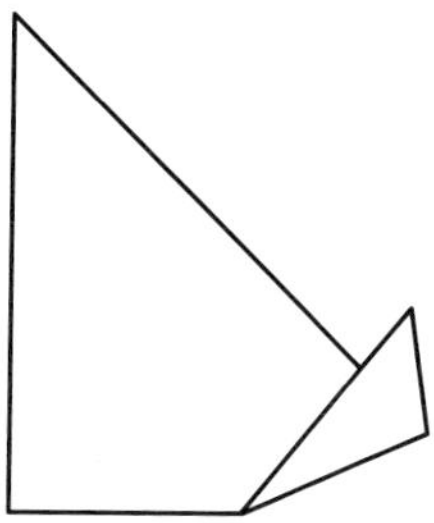

4 Ergebnis von Schritt 3.

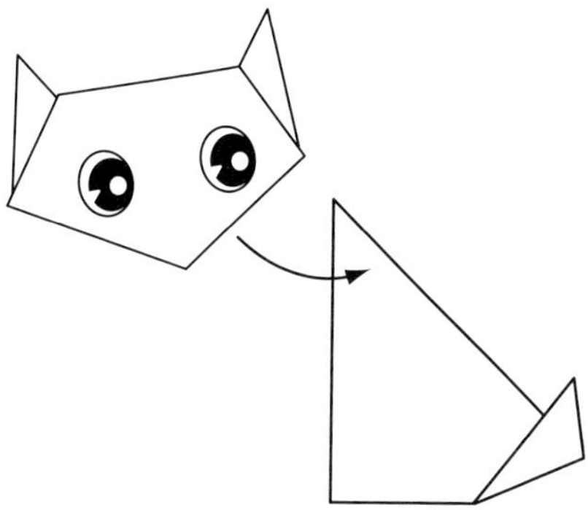

5 Den Kopf auf den Körper kleben.

6

Hund

Abbildung & Materialangaben Seite 8/9

Kopf

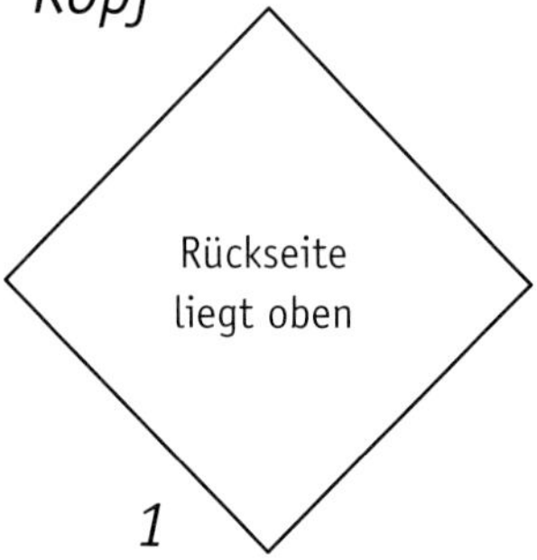

1

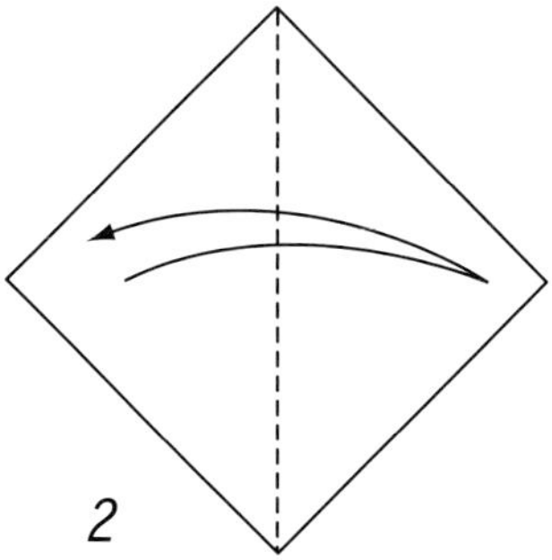

2

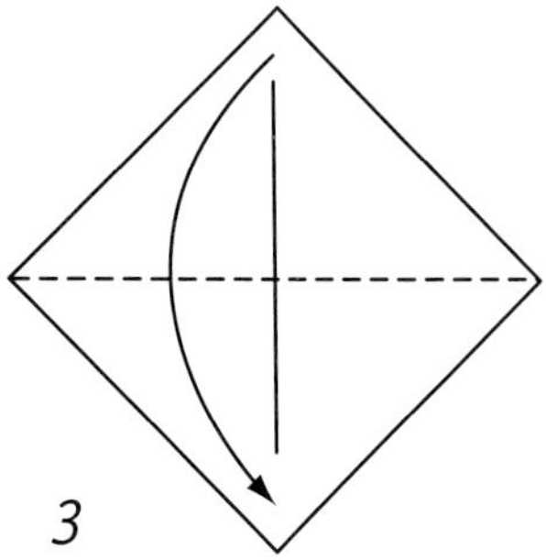

3

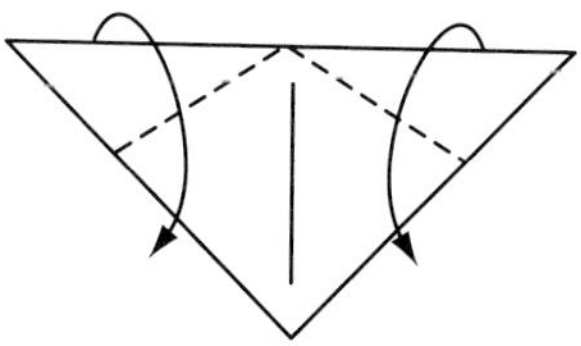

4

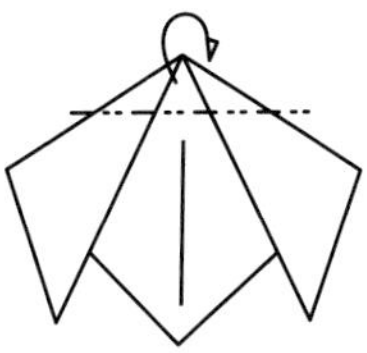

5

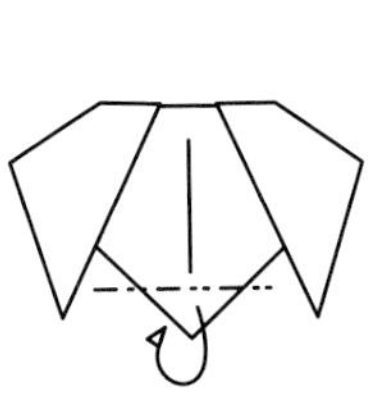

6

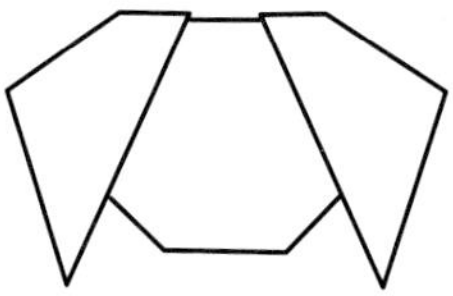

7

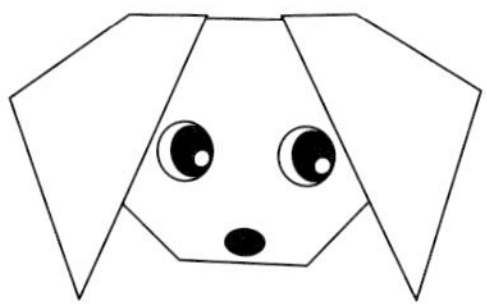

8 Augen und die Nase: Für die Augen jeweils ein Cent-Stück auf weißes Papier legen und mit einem schwarzen Filzstift umfahren. Pupillen aufmalen. Die Augen ausschneiden und auf den Kopf kleben. Die Nase mit Filzstift aufmalen.

Körper

1

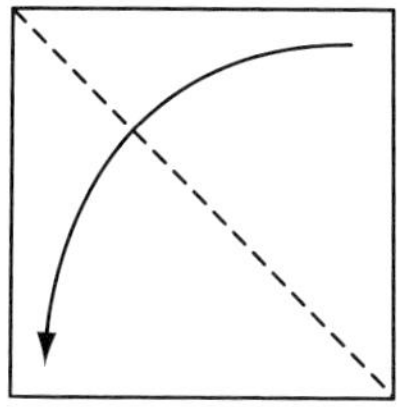

2

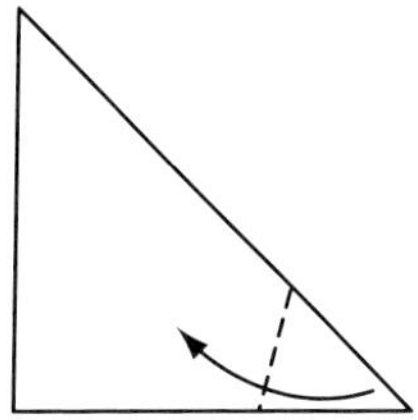

3

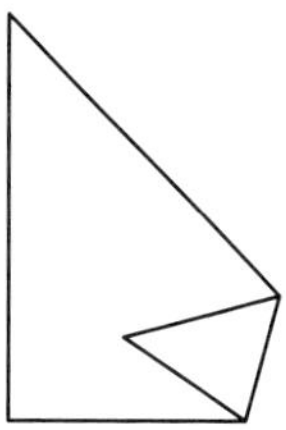

4 Ergebnis von Schritt 3.

5 Den Kopf auf den Körper kleben.

6

Blume

Abbildung & Materialangaben Seite 10/11

Blüte

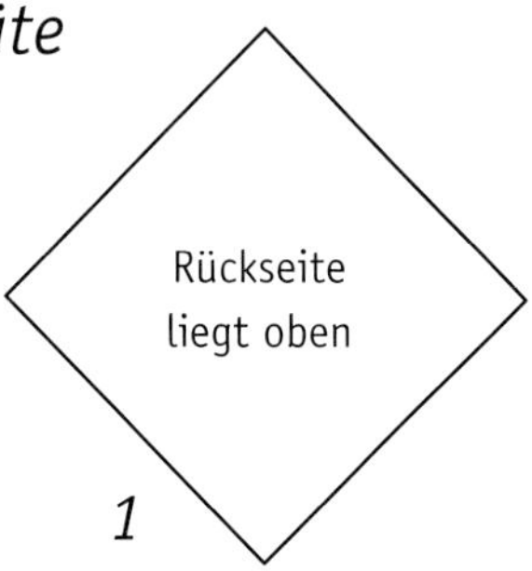

1

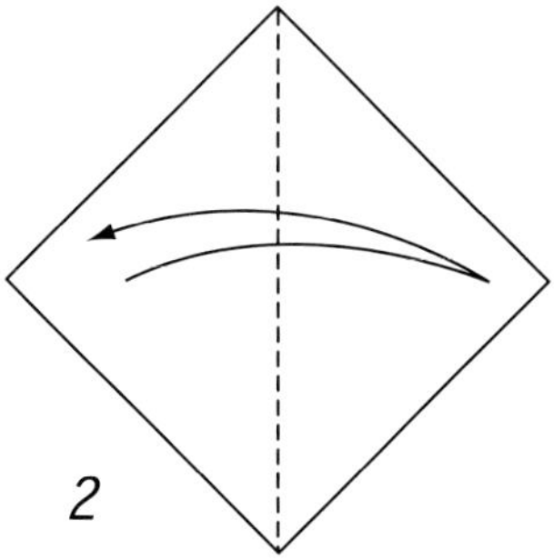

2

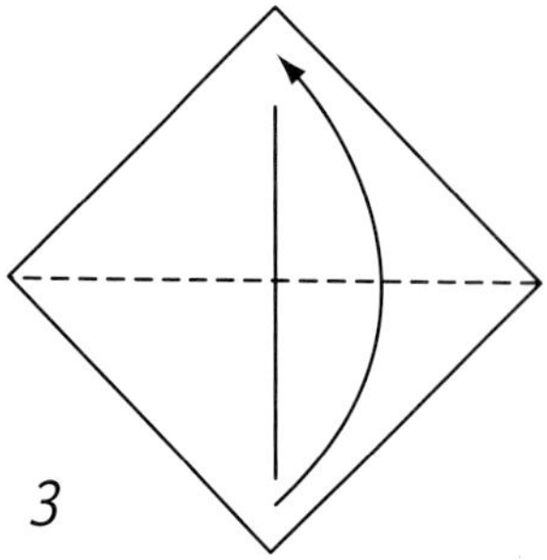

3

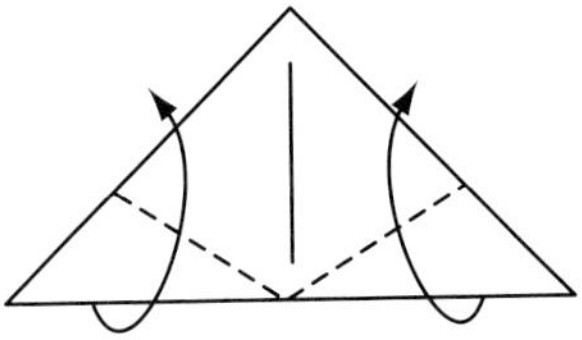

4

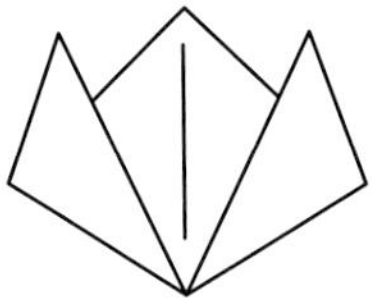

5 Ergebnis von Schritt 4.

Stängel

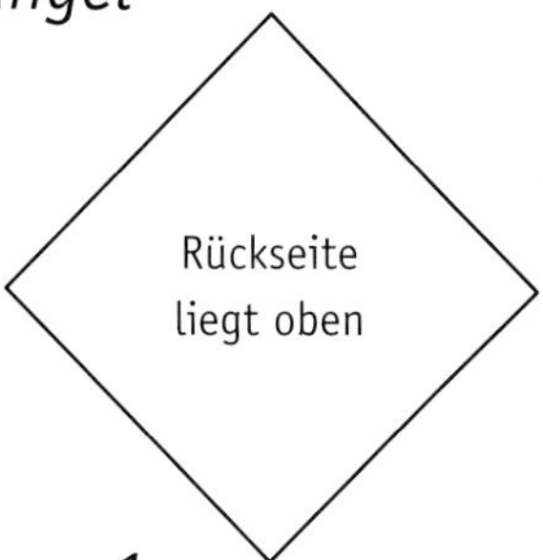

1

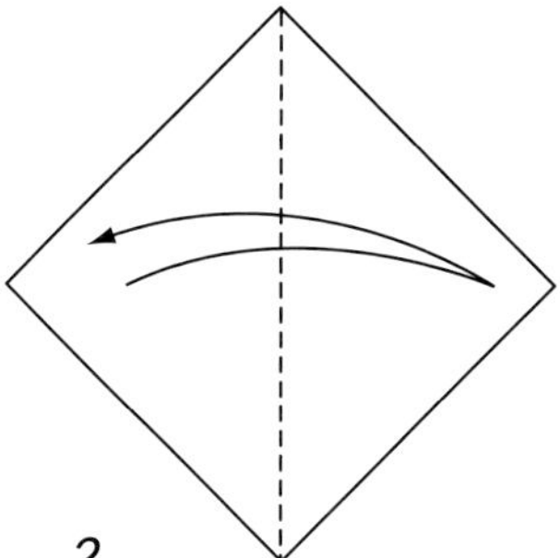

2

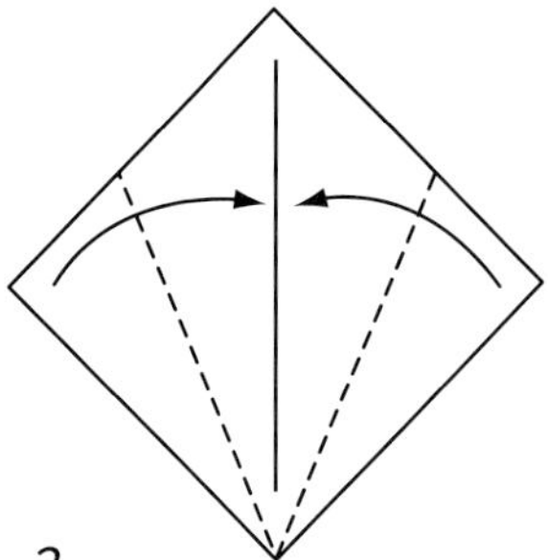

3

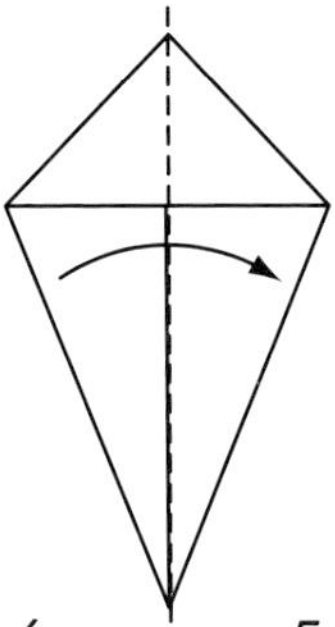

4

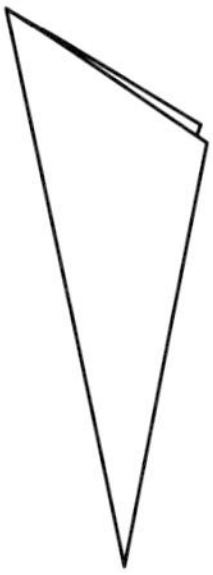

5 Ergebnis von Schritt 4.

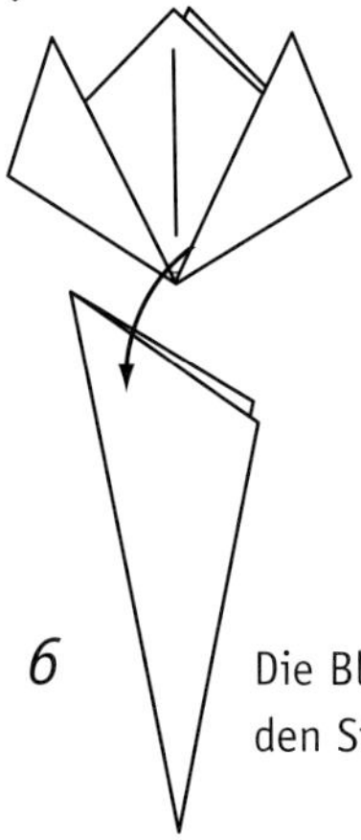

6 Die Blüte eventuell auf den Stängel kleben.

Abbildung & Materialangaben Seite 10/11

Schmetterling

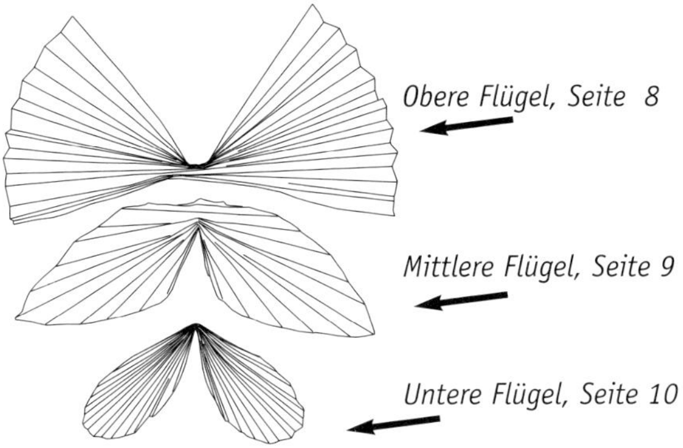

Jeder Schmetterling besteht aus drei gefalteten Teilen, die mit Biegeplüsch zusammengebunden werden.

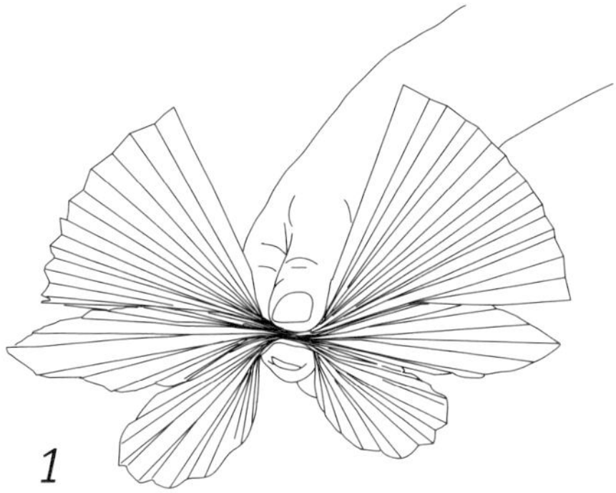

1

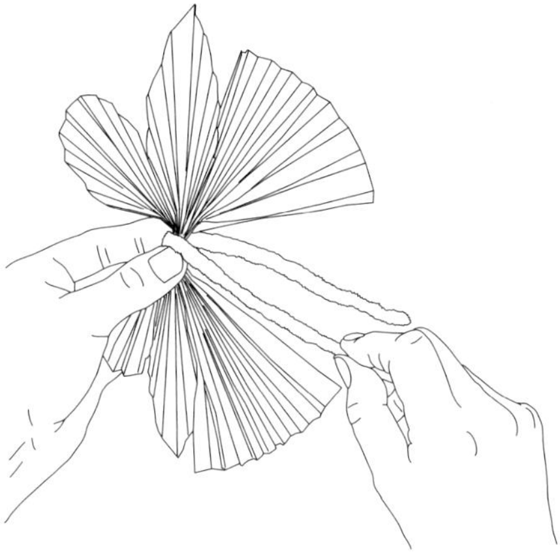

2

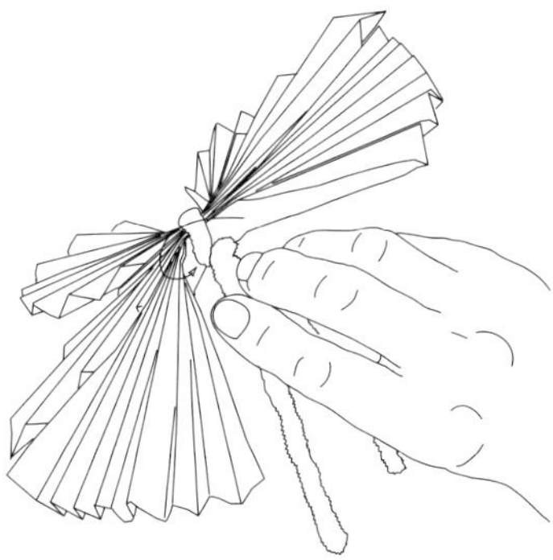

3

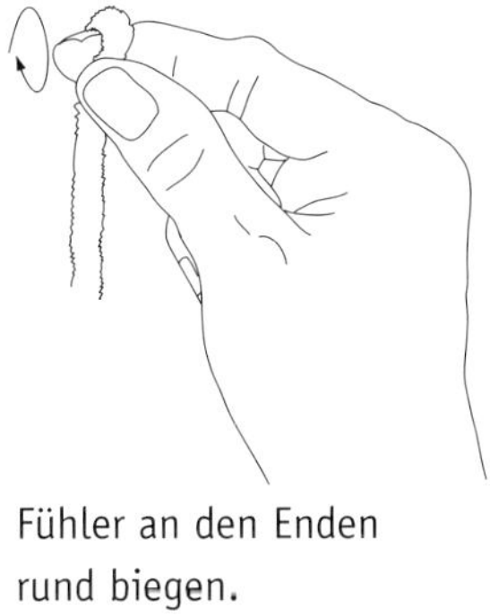

4 Fühler an den Enden rund biegen.

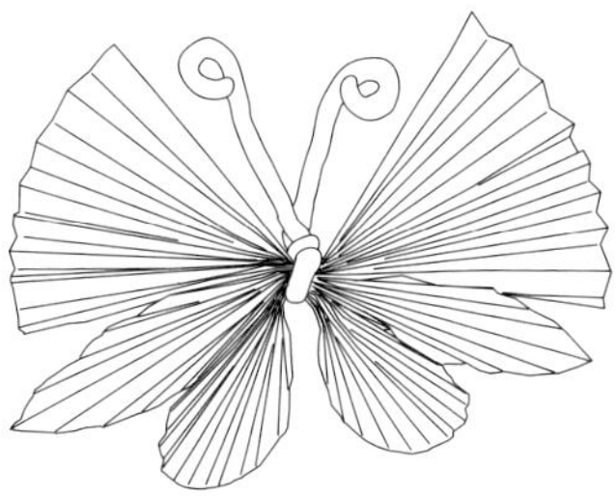

5

Schmetterling: obere Flügel

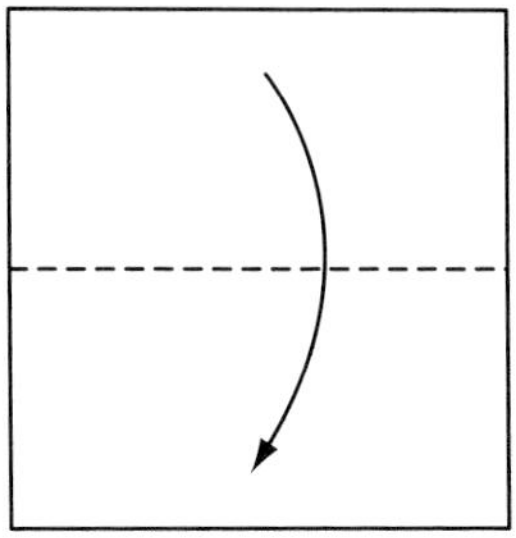

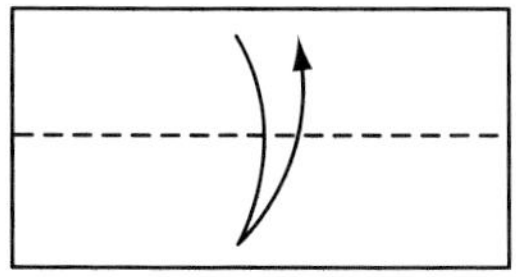

1

2

3

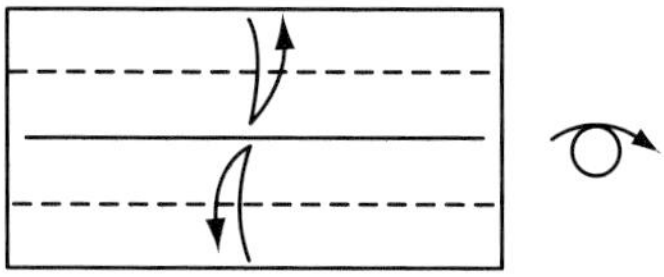

4 Die Faltkanten mit dem Fingernagel kräftig nachziehen.

5

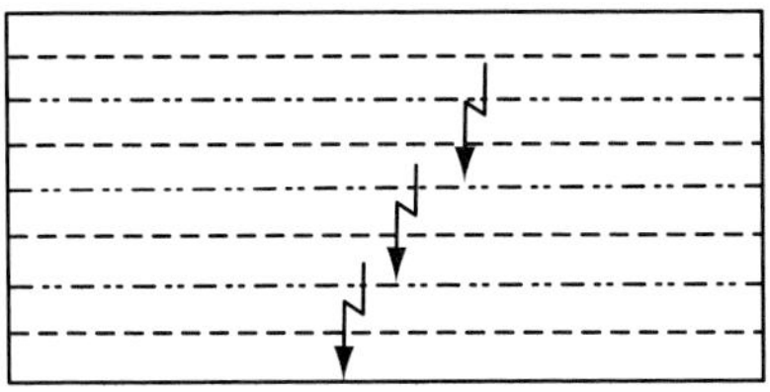

6

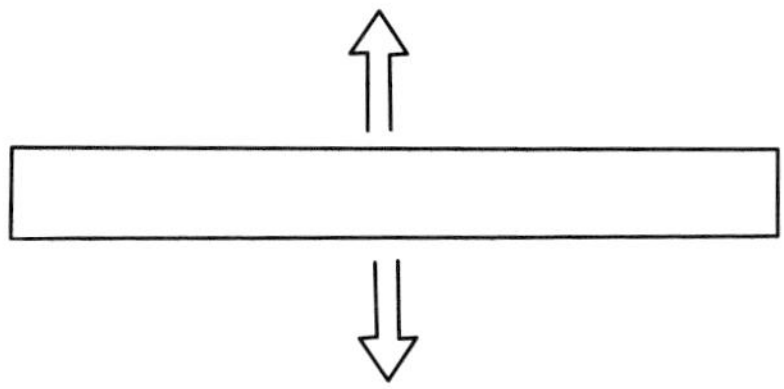

7 Die Faltkanten mit dem Fingernagel glätten und die Faltarbeit auseinander ziehen.

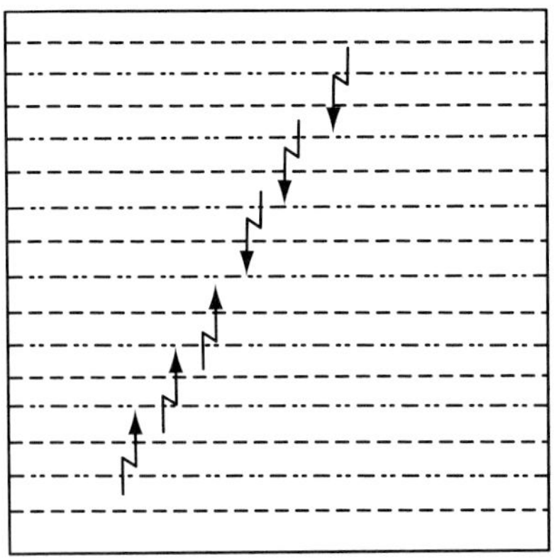

8 Alle vorhandenen Falten im Zickzack falten.

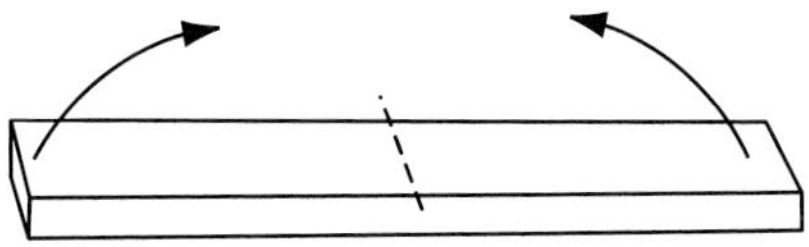

9

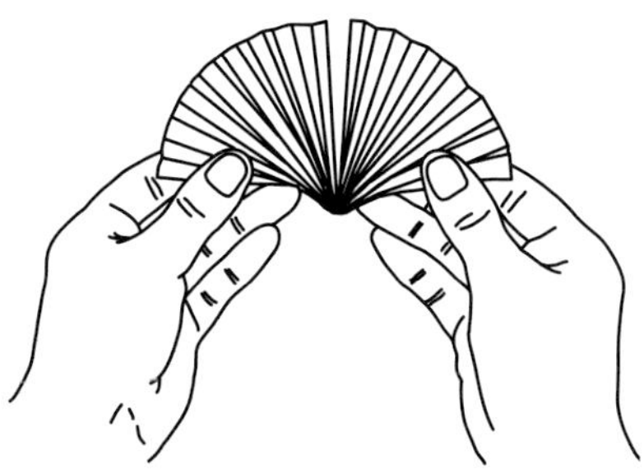

10

Schmetterling: mittlere Flügel

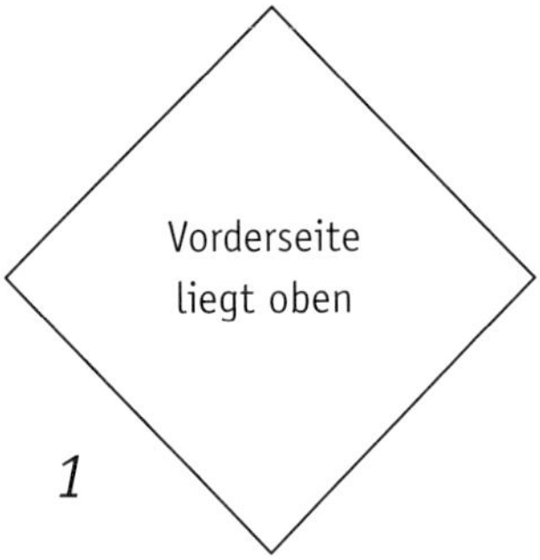

1

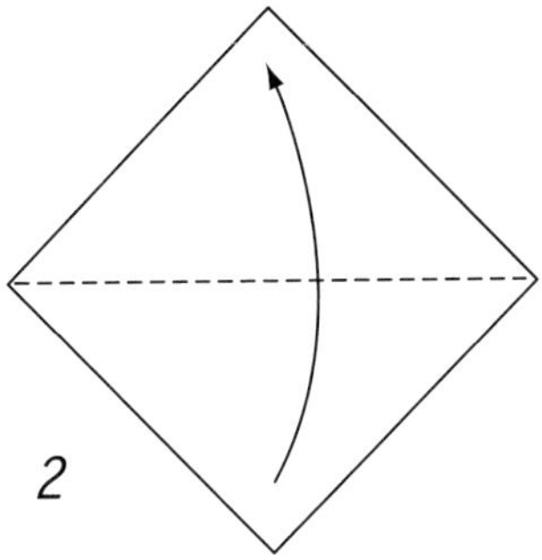

2

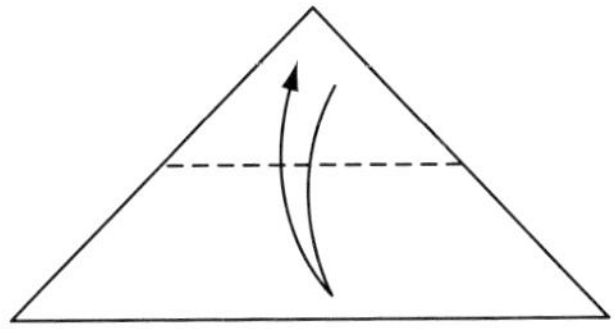

3

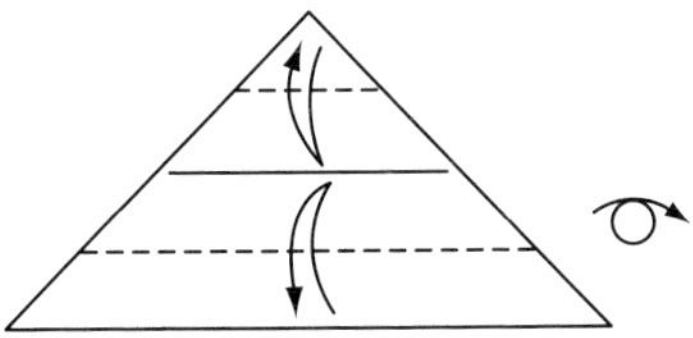

4

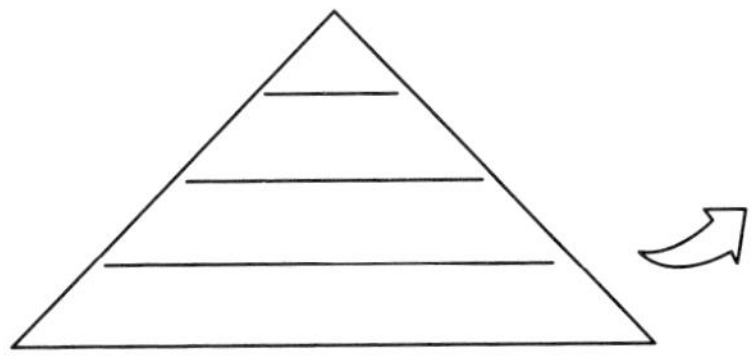

5

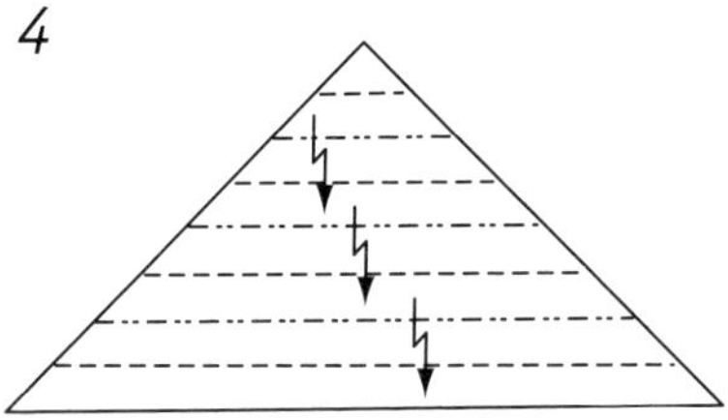

6

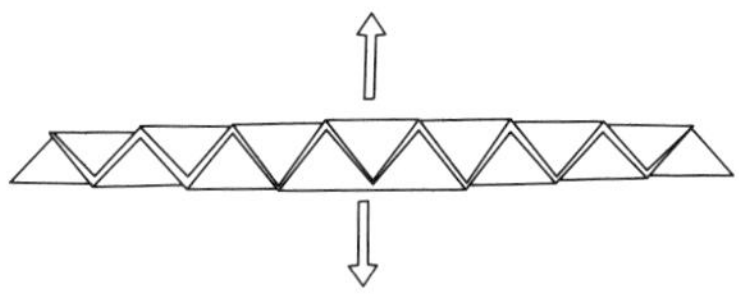

7 Die Faltkanten mit dem Fingernagel glätten und die Faltarbeit auseinander ziehen.

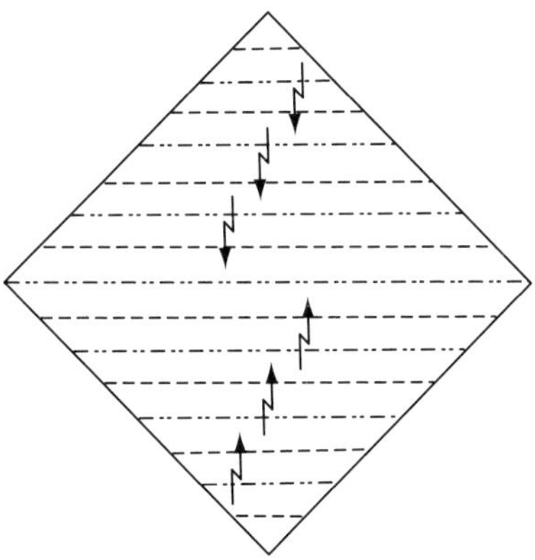

8 Alle vorhandenen Falten im Zickzack falten.

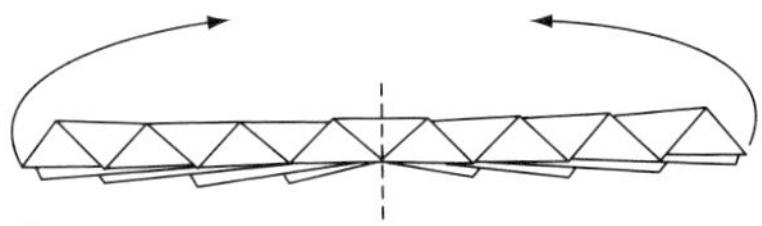

9

10

Schmetterling: untere Flügel

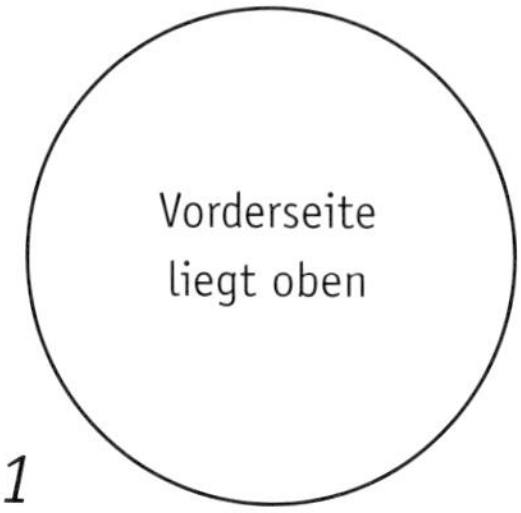

1

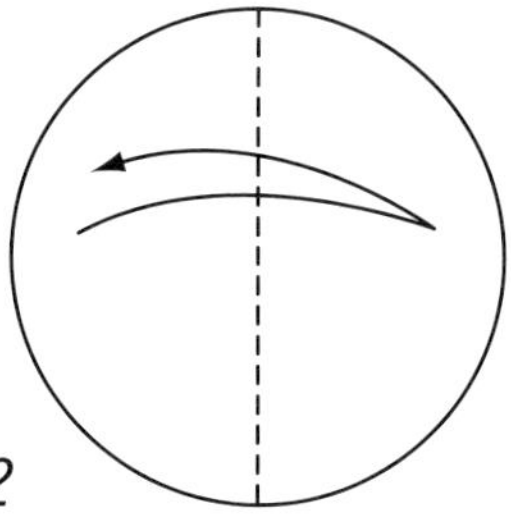

2

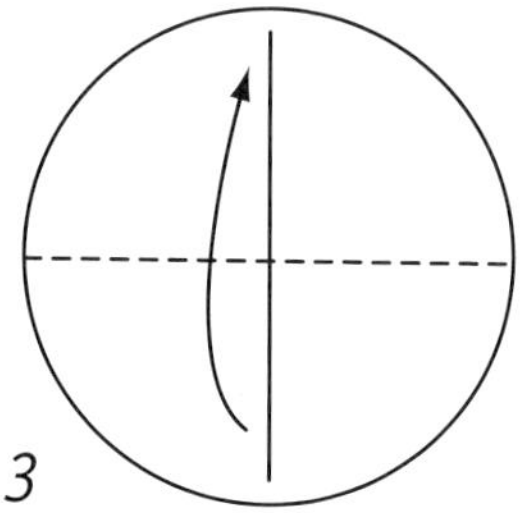

3

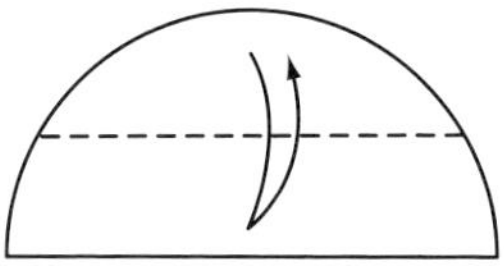

4

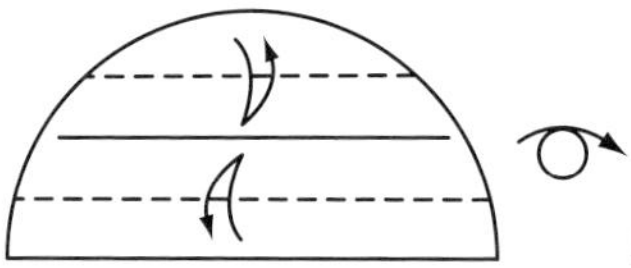

5

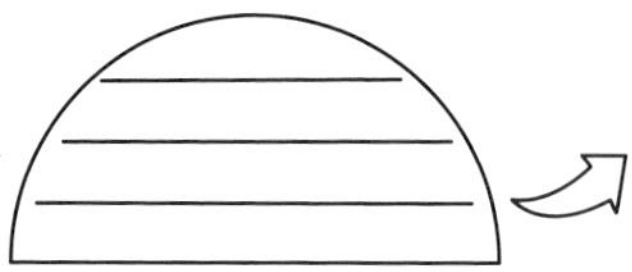

6

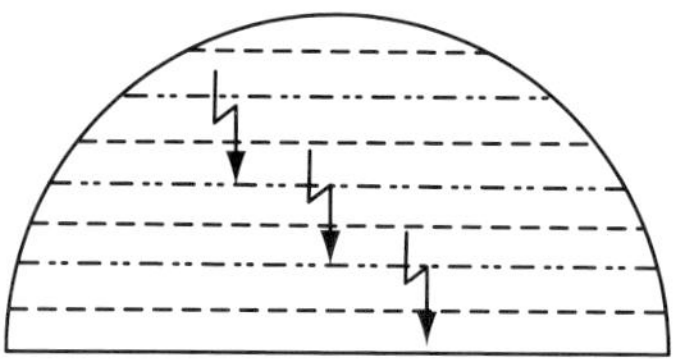

7

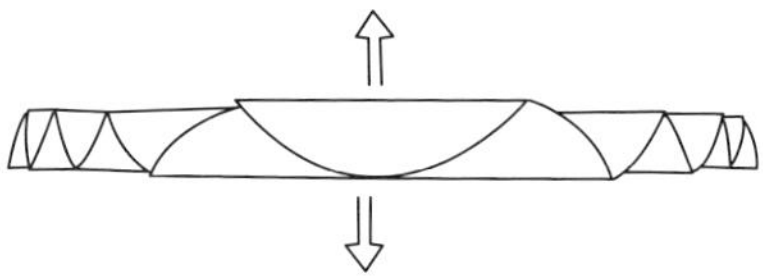

8 Die Faltkanten mit dem Fingernagel glätten und die Faltarbeit auseinander ziehen.

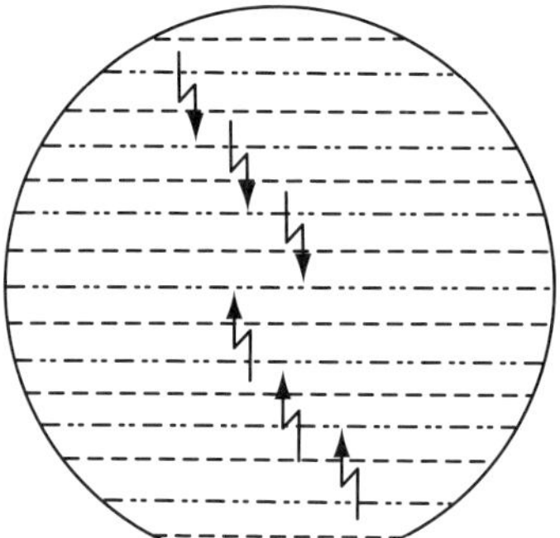

9 Alle vorhandenen Falten im Zickzack falten.

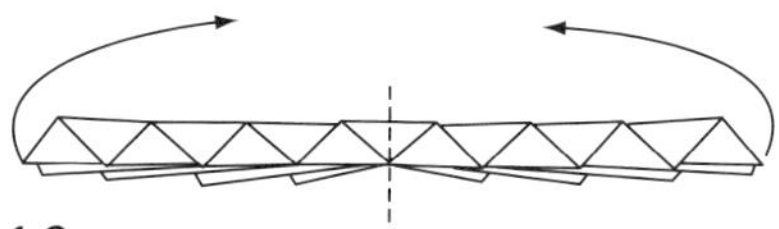

10

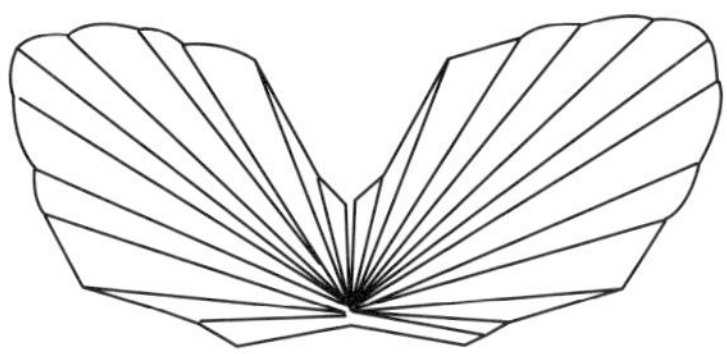

11

Abbildung & Materialangaben Seite 12/13

Fingerpuppe

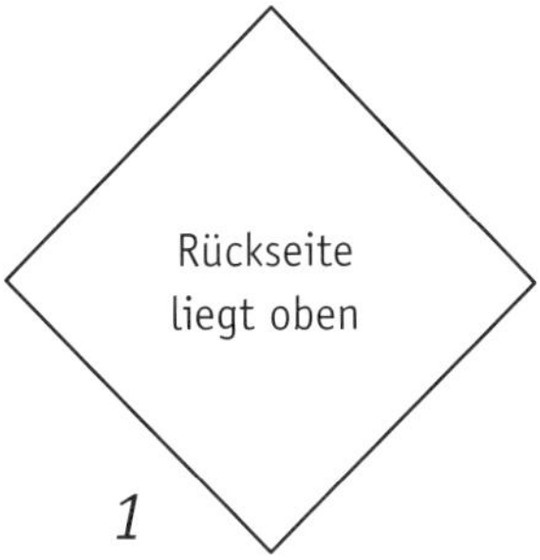

1

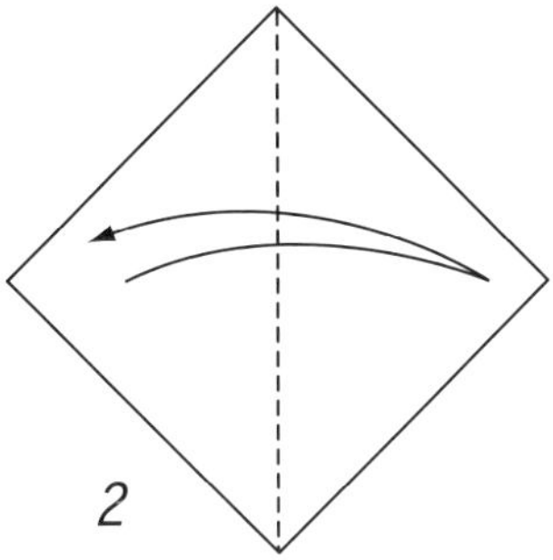

2

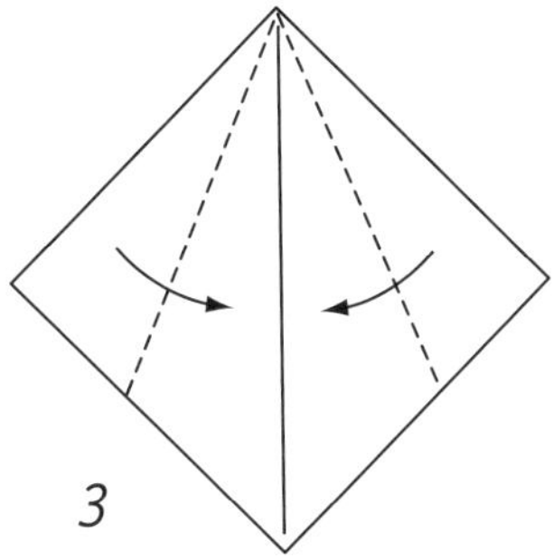

3

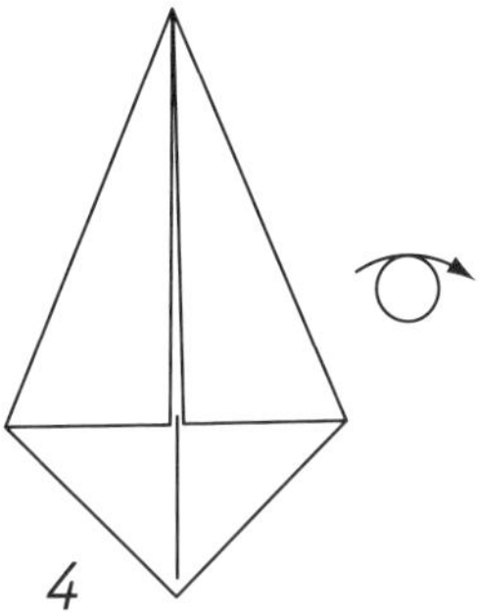

4

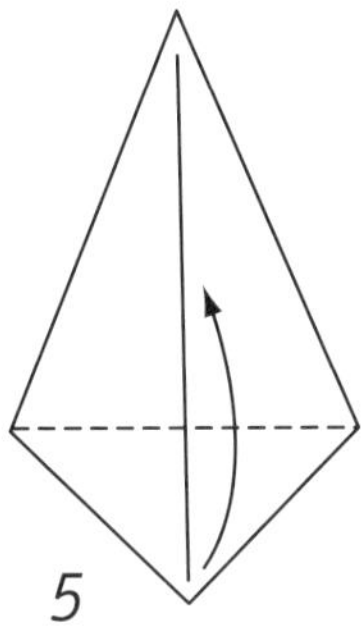

5

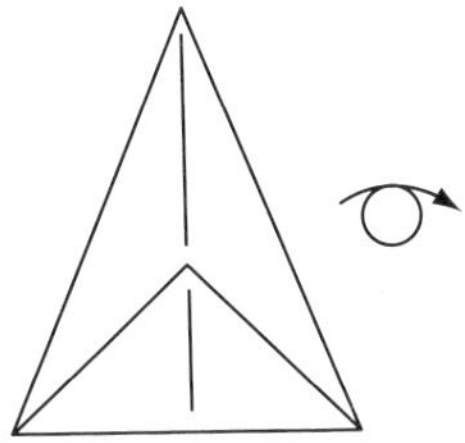

6 Ergebnis von Schritt 5.

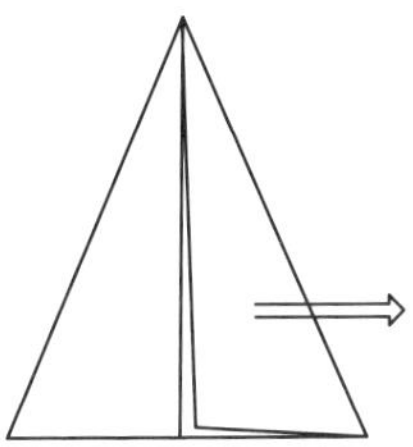

7 Nur die rechte Seite aufklappen.

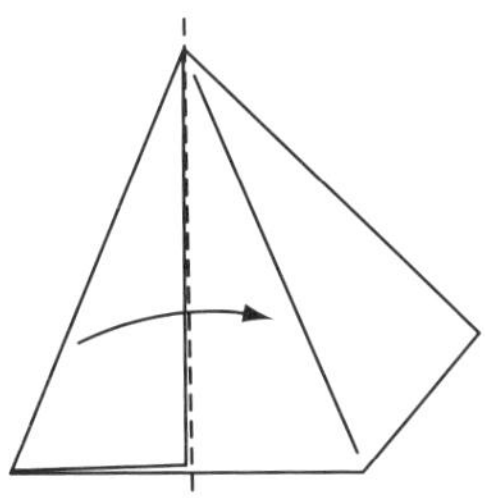

8

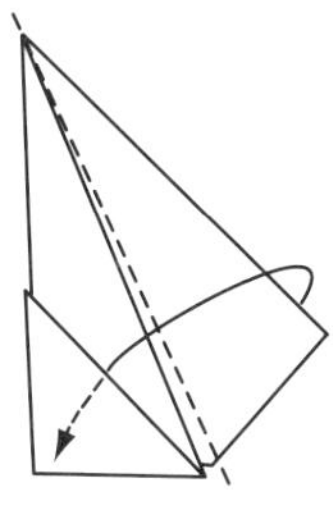

9 Die rechte Seite unter die linke Klappe stecken.

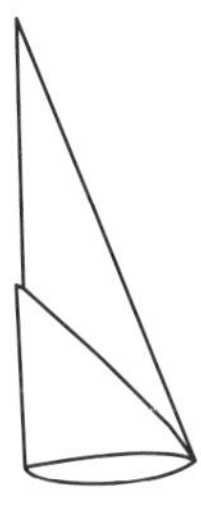

10 Augen und eventuell einen Mund mit Filzstift aufmalen.

Handpuppe „Schnapp“

Abbildung & Materialangaben Seite 14/15

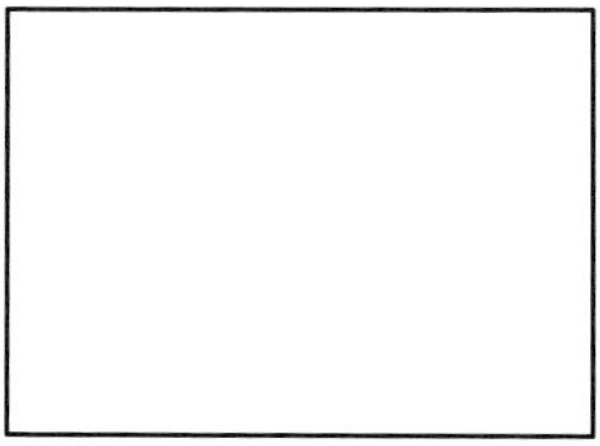

1

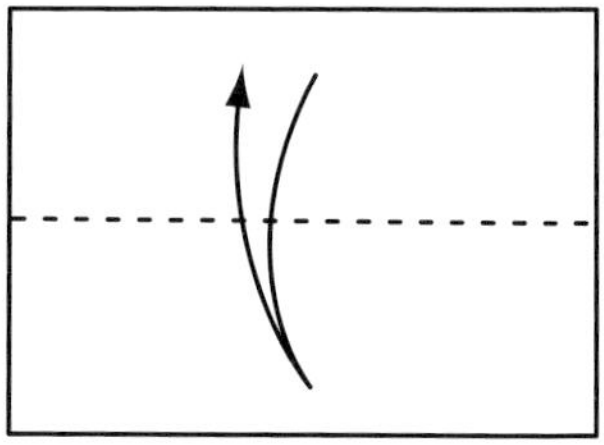

2

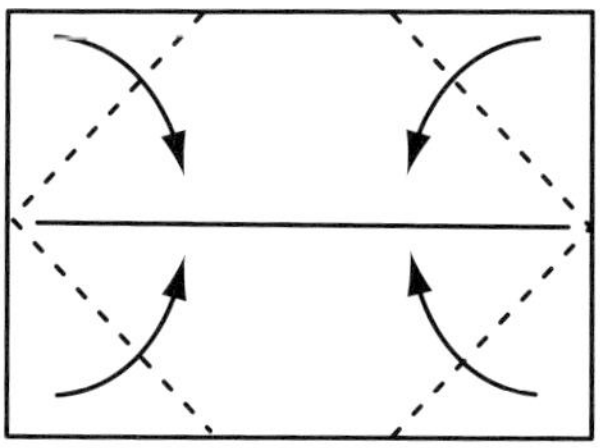

3

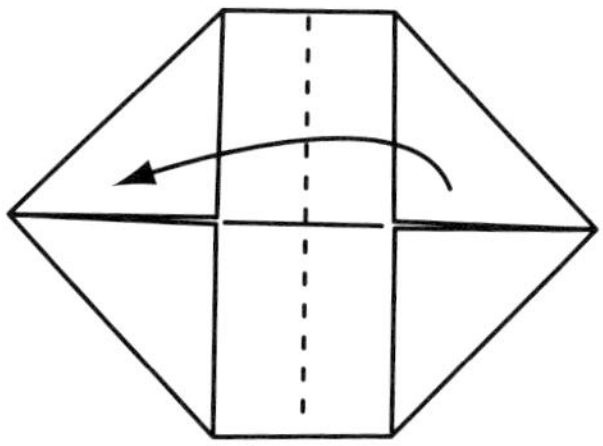

4

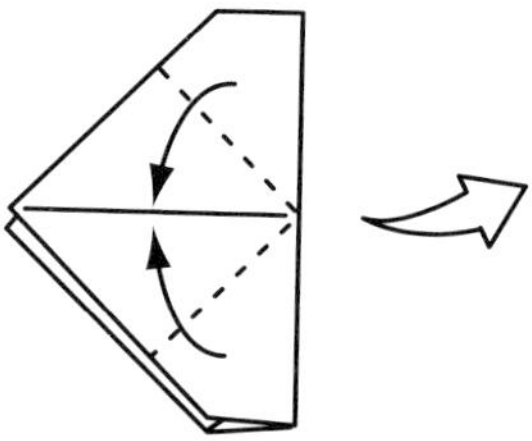

5

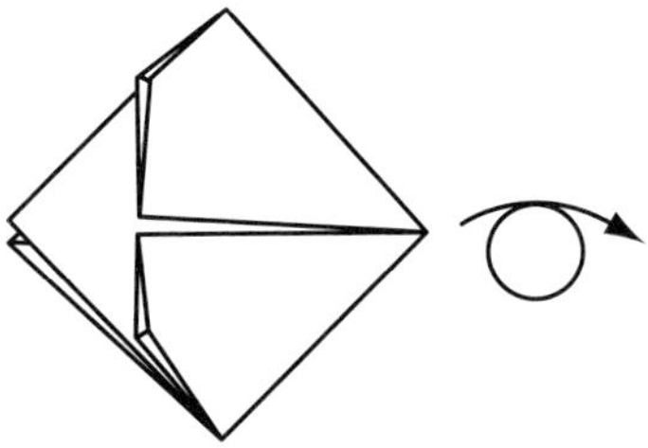

6 Ergebnis von Schritt 5.

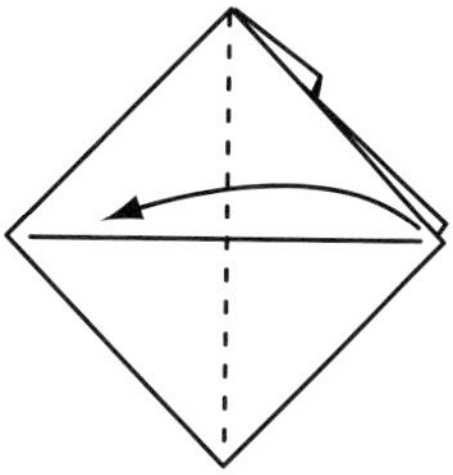

7 Nur die obere rechte Ecke nach links falten.

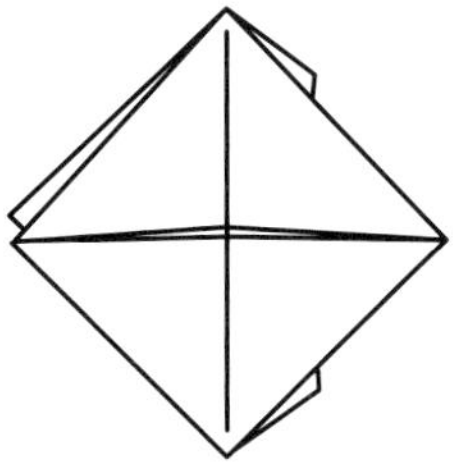

8 Ergebnis von Schritt 7.

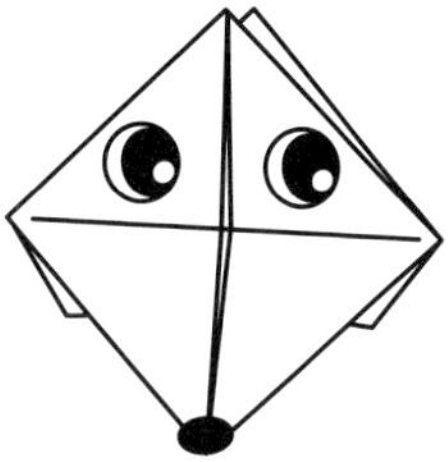

9 Form drehen und Augen und Nase aufkleben.

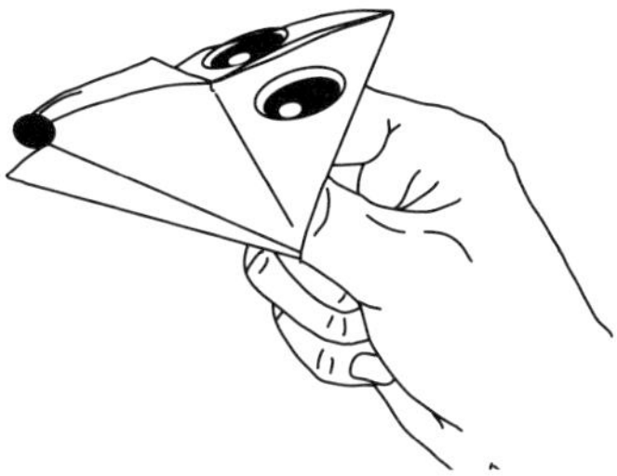

10 Mit Daumen und Zeigefinger in die Taschen auf der Rückseite greifen.

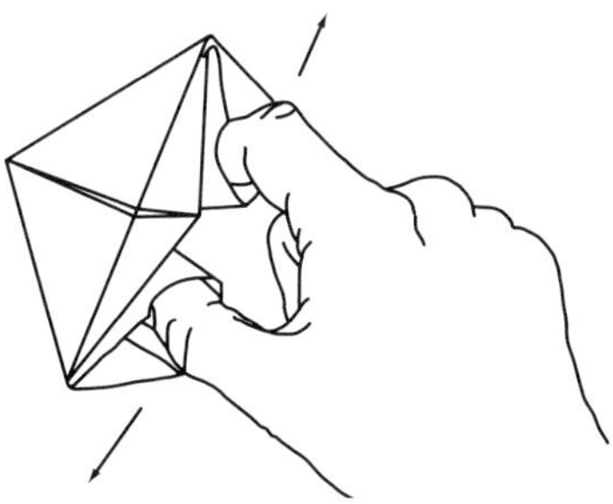

11+12 Die Finger zusammenführen oder öffnen, dann klappt der Schnabel auf der Vorderseite auf oder zu.

Geschenktüte

Abbildung & Materialangaben Seite 16/17

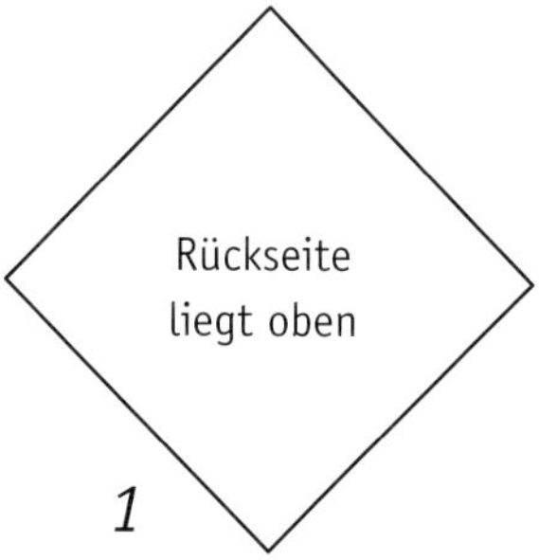

1

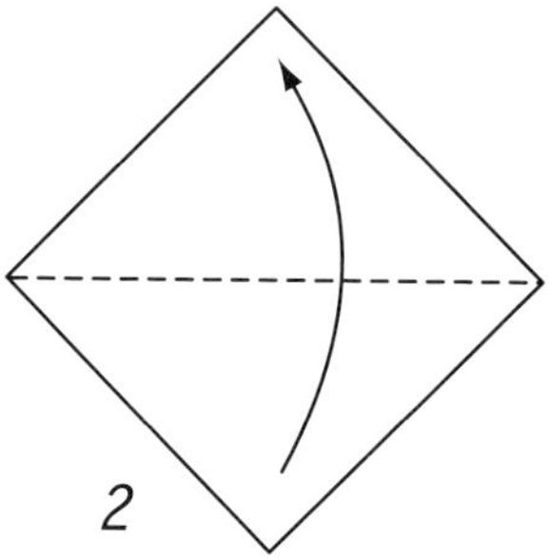

2

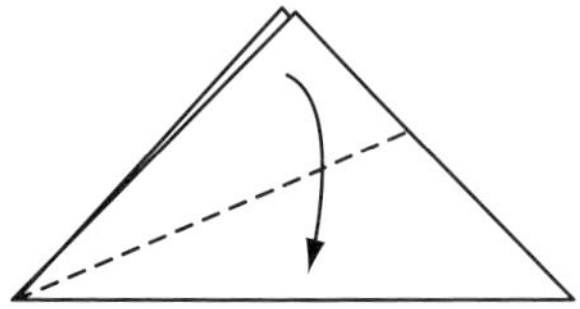

3 Nur die oben liegende Ecke nach unten falten.

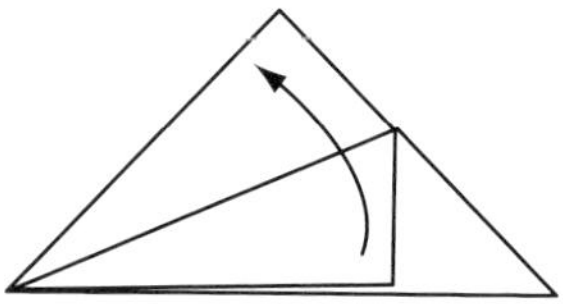

4

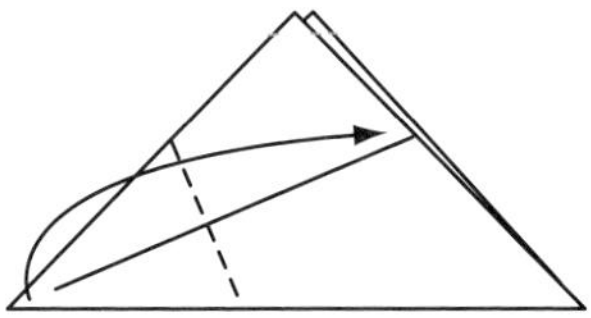

5

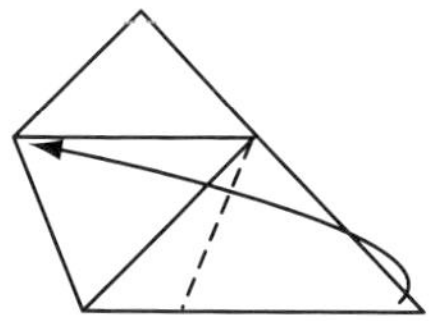

6

7 Kleine Geschenke in die Tüte geben.

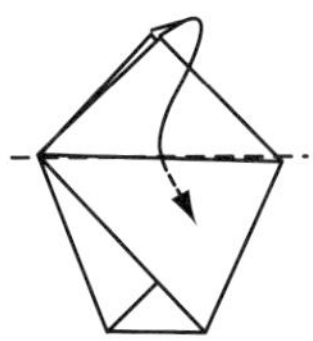

8 Beide Ecken vorn einstecken ...

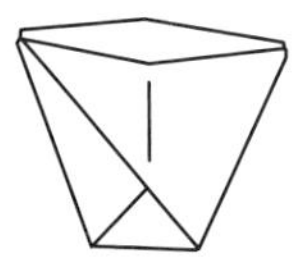

9 ... und die Tüte ist verschlossen.

Abbildung & Materialangaben Seite 16/17

Kleine Tasche

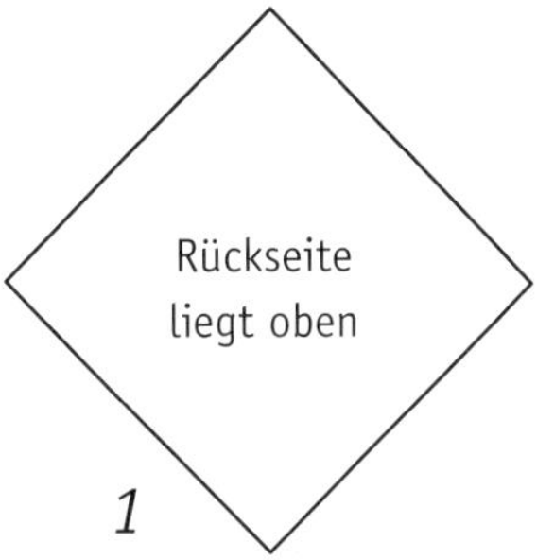

1

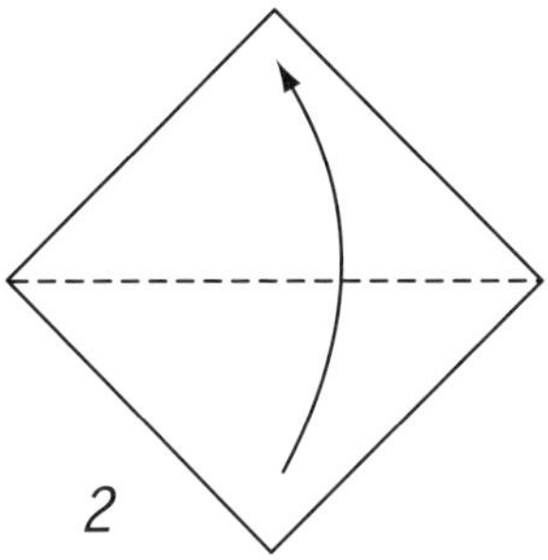

2

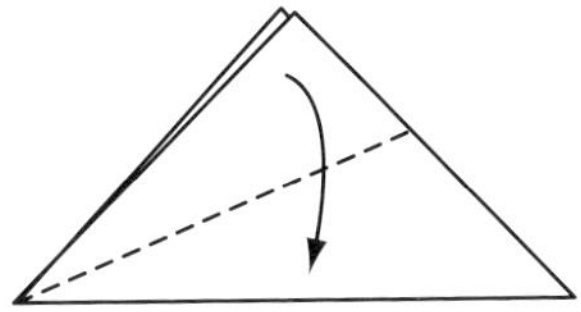

3 Nur die oben liegende Ecke nach unten falten.

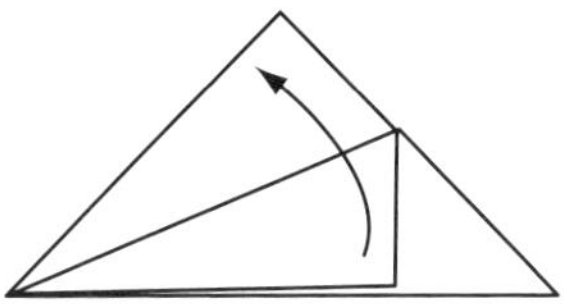

4

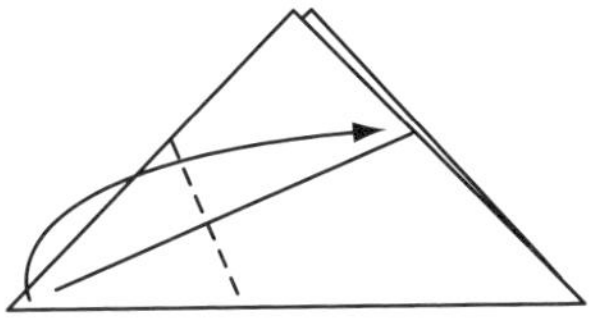

5

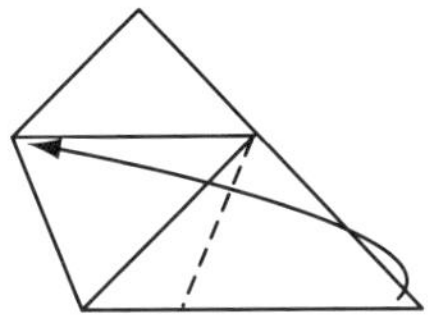

6

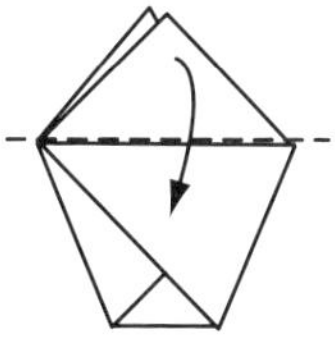

7 Nur die oben liegende Ecke nach unten falten.

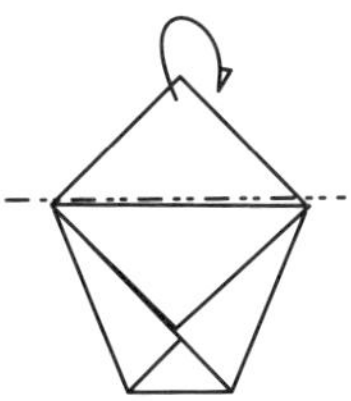

8 Die hinten liegende Ecke nach unten falten.

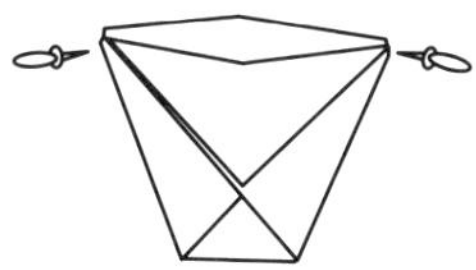

9 An beiden Seiten Löcher stechen.

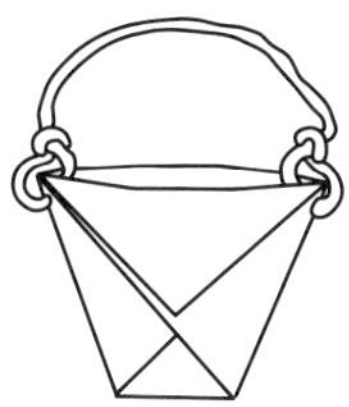

10 Kordel einziehen und verknoten.

Pustespiel

Abbildung & Materialangaben Seite 18/19

1

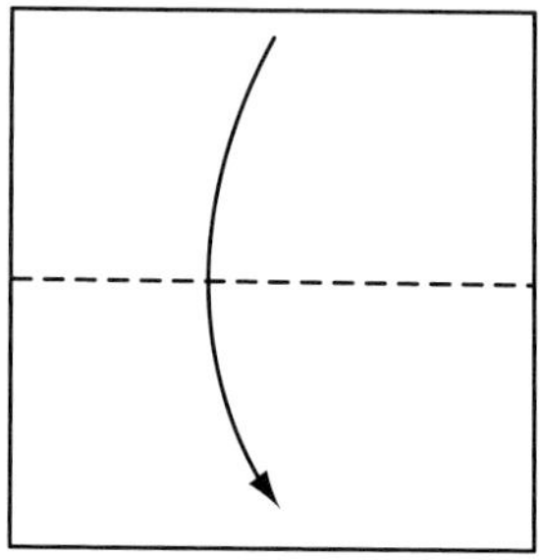

2

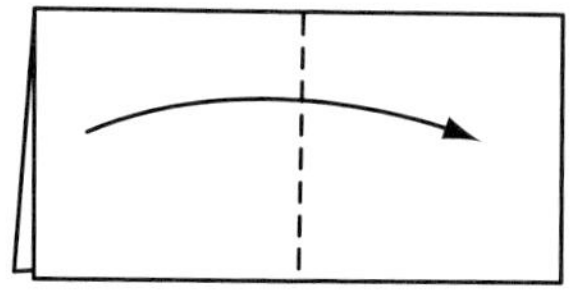

3

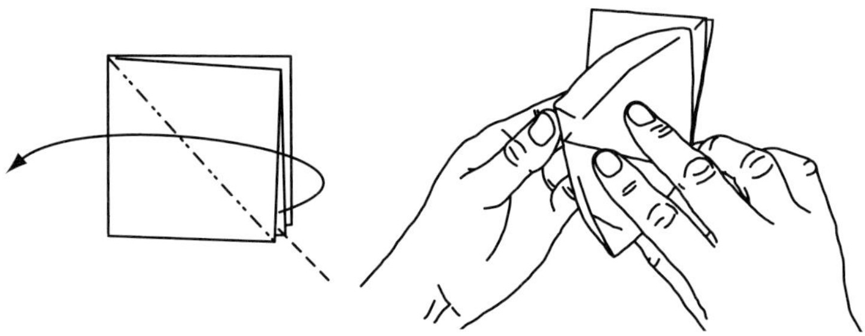

4 Mit den Fingern in die oberste Tasche hineingreifen, nach links ziehen und flach drücken.

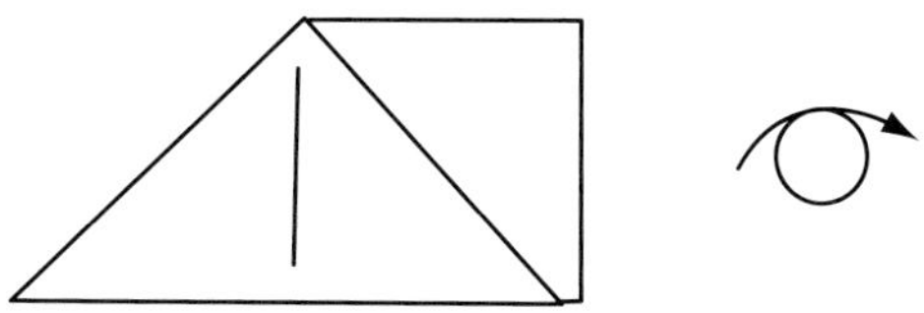

5 Ergebnis von Schritt 4.

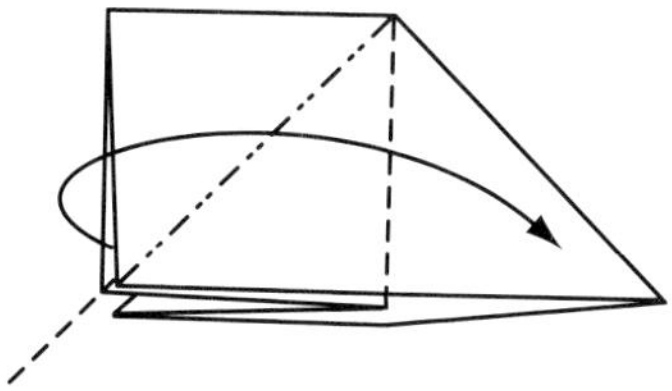

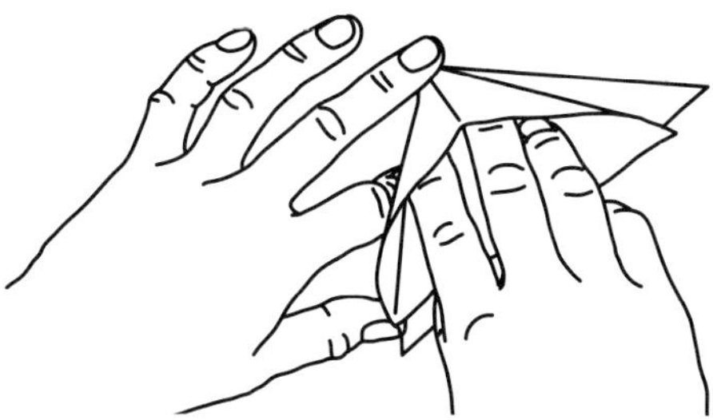

6 Mit den Fingern in die Tasche hineingreifen, nach rechts ziehen und flach drücken.

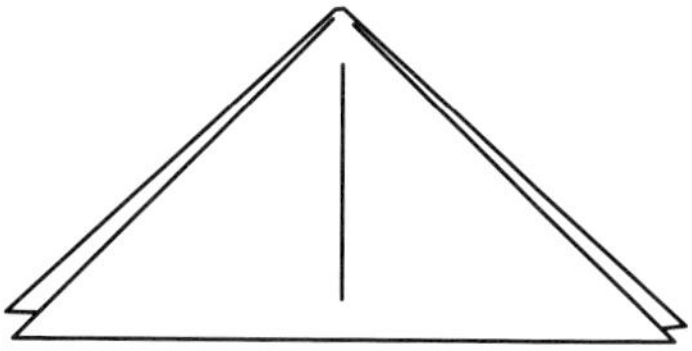

Ergebnis von Schritt 6.

7

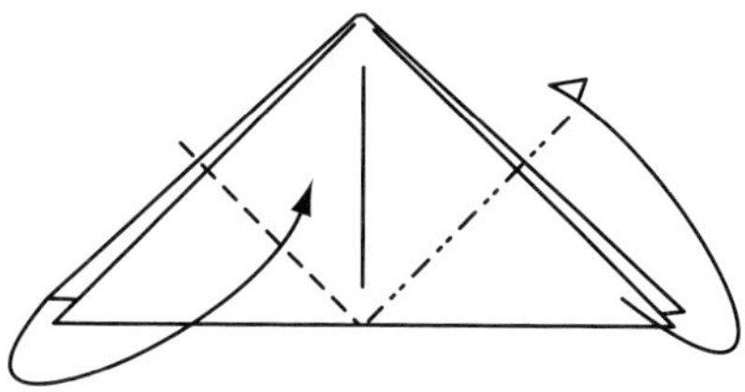

8 Die vier unteren Ecken jeweils nach hinten falten, sodass sie oben an der Spitze der Figur liegen.

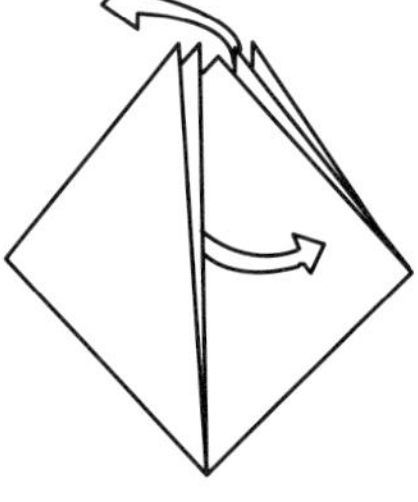

9 Die Spitzen herausziehen.

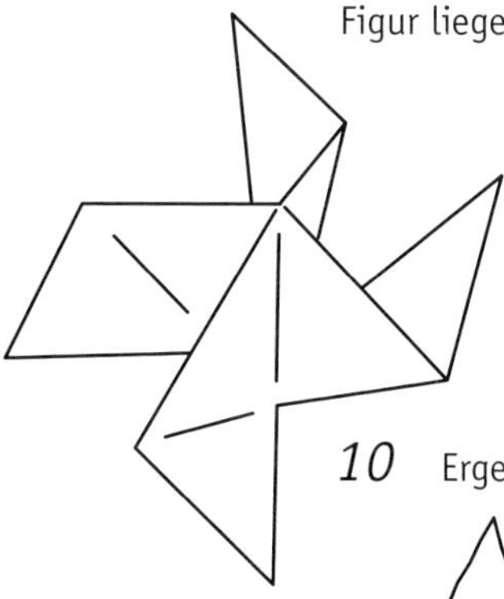

10 Ergebnis von Schritt 9.

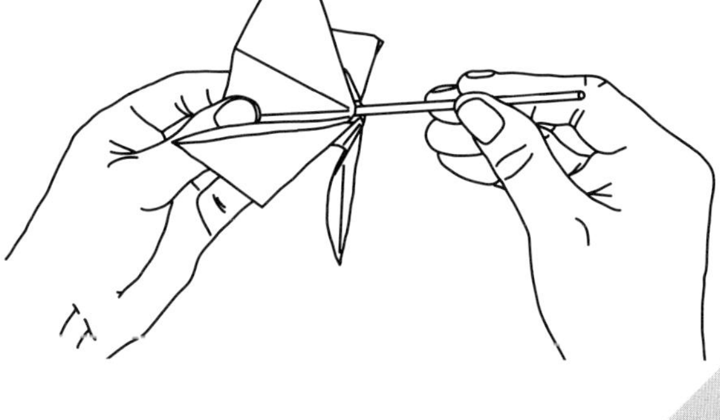

11 Den Spieß von unten einstecken.

Flieger 1

Abbildung & Materialangaben Seite 20/21

1

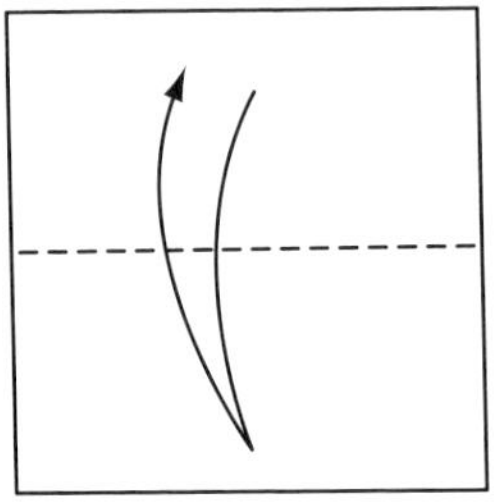

2

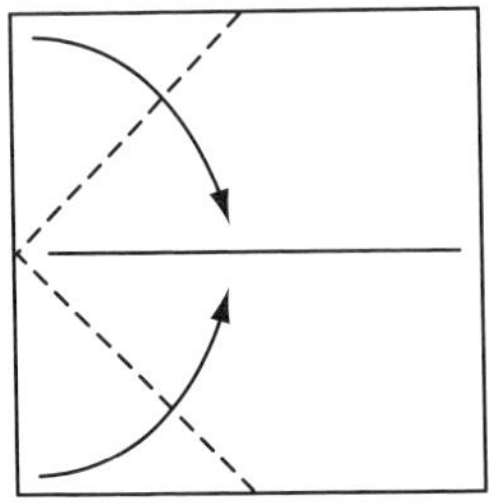

3

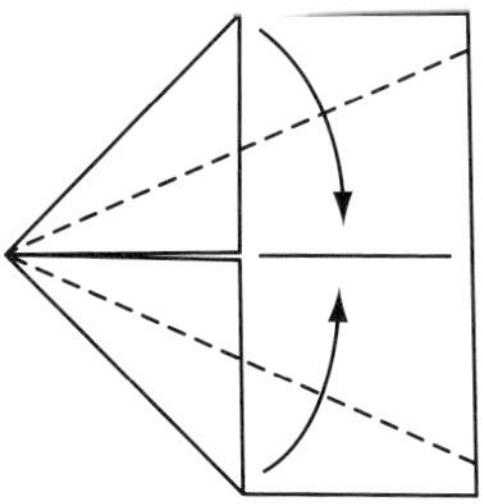

4

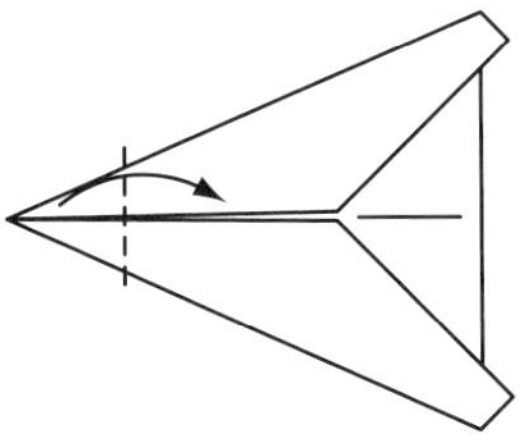

5

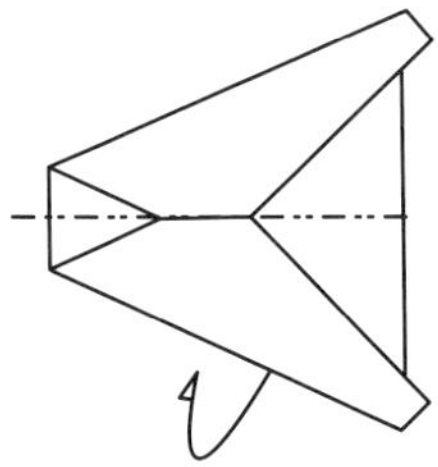

6 Den Flieger zusammenklappen.

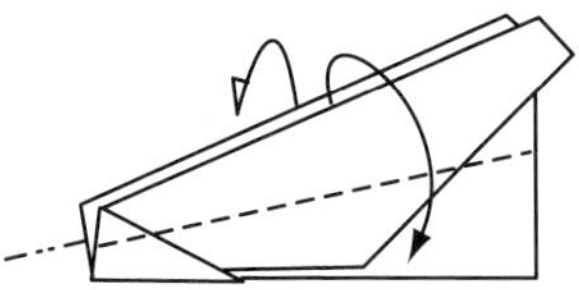

7 Beide Flügel nach unten falten.

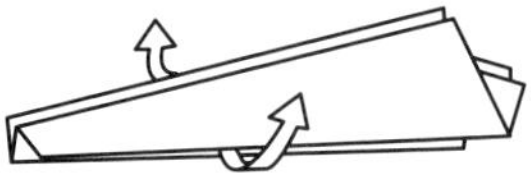

8 Die Flügel waagrecht aufstellen.

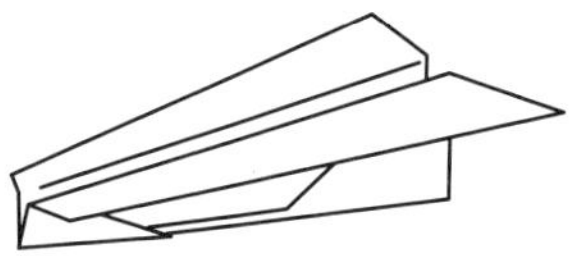

9 Ergebnis von Schritt 8.

Abbildung & Materialangaben Seite 20/21

Flieger 2

1

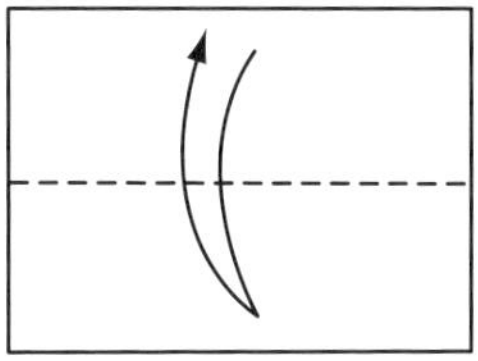

2

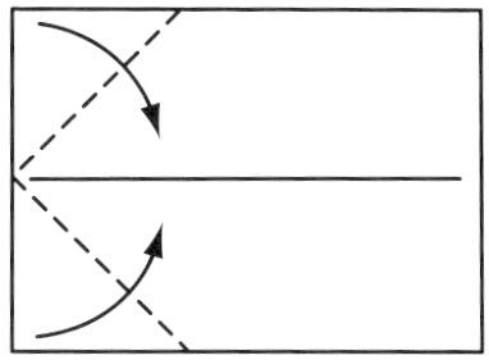

3

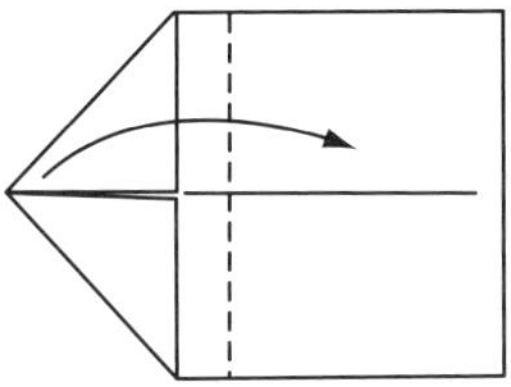

4

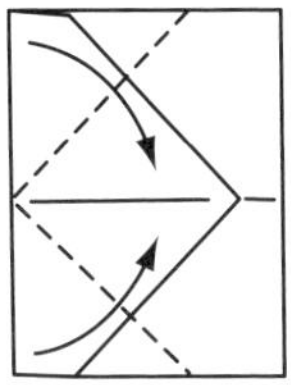

5

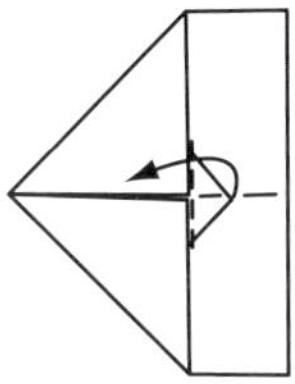

6

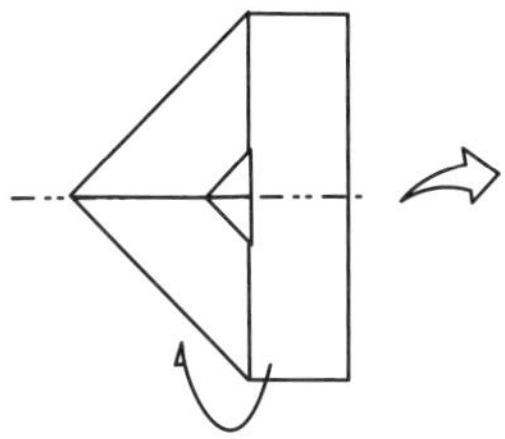

7 Den Flieger zusammenklappen.

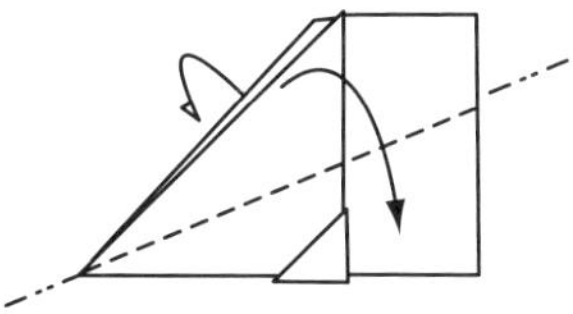

8 Beide Flügel nach unten falten.

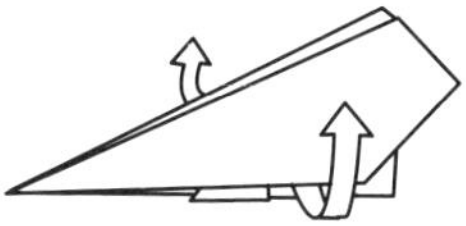

9 Die Flügel waagrecht aufstellen.

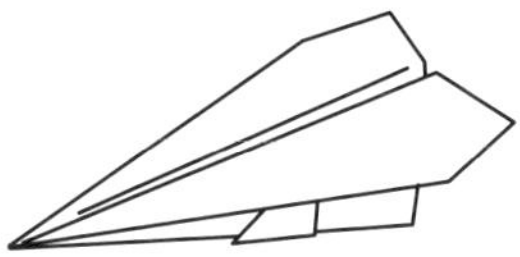

10 Ergebnis von Schritt 9.

Gesicht

Abbildung & Materialangaben Seite 22/23

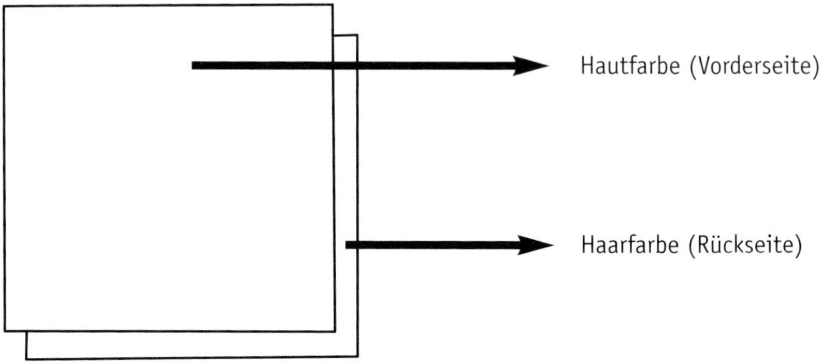

1 Die beiden Faltblätter deckungsgleich aufeinander legen.

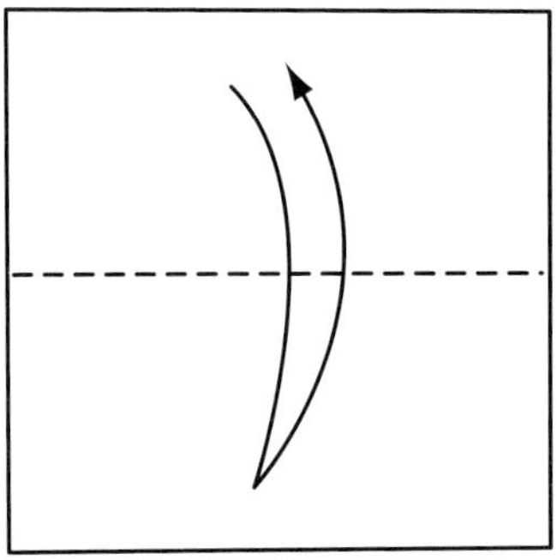

2

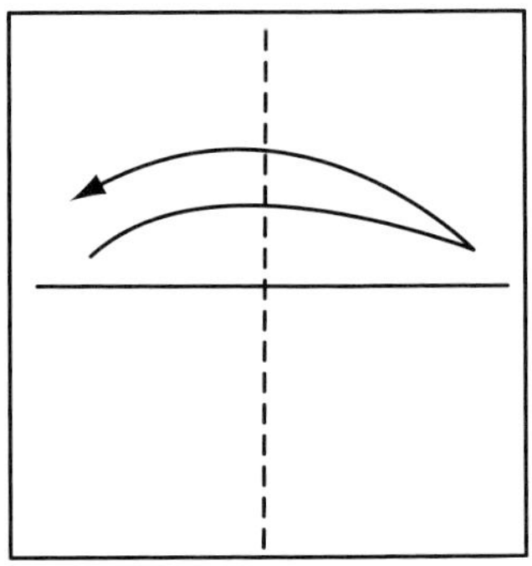

3

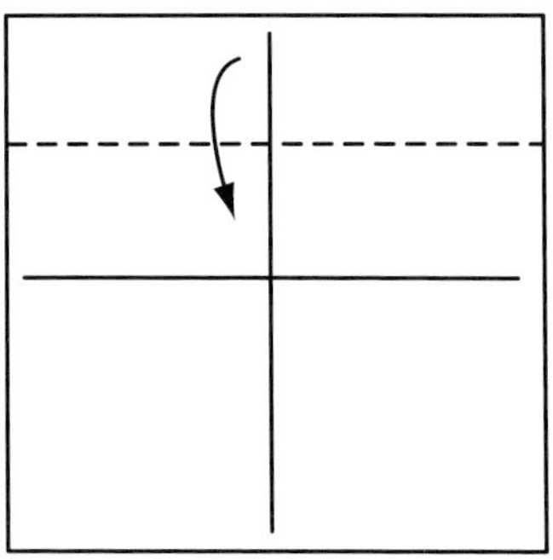

4

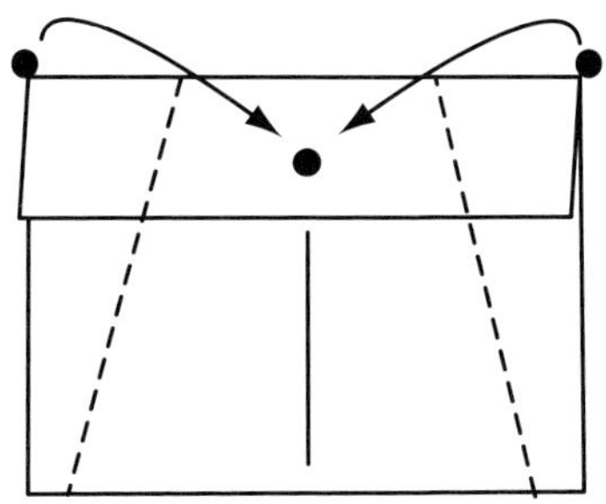

5

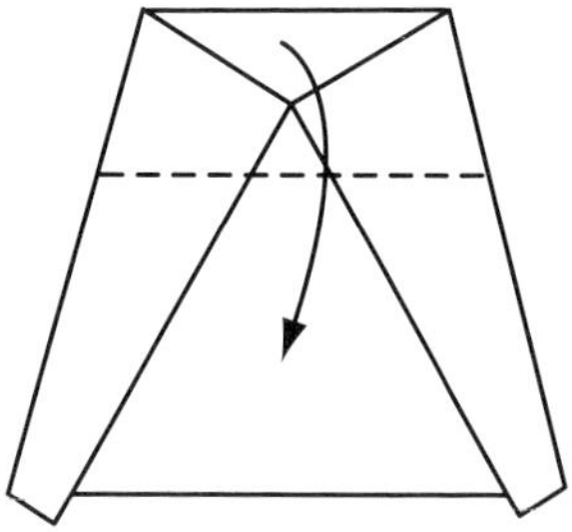

6

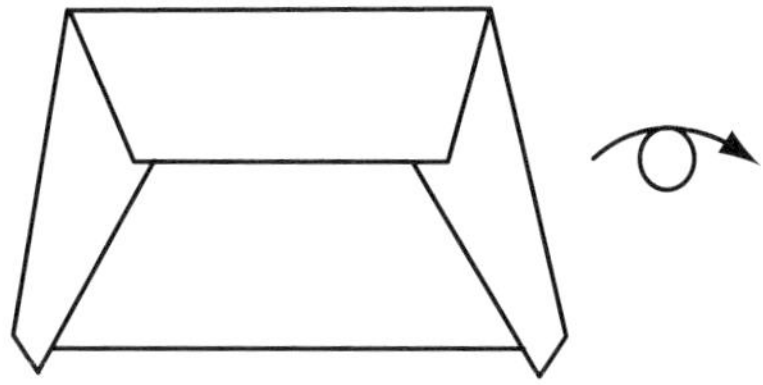

7

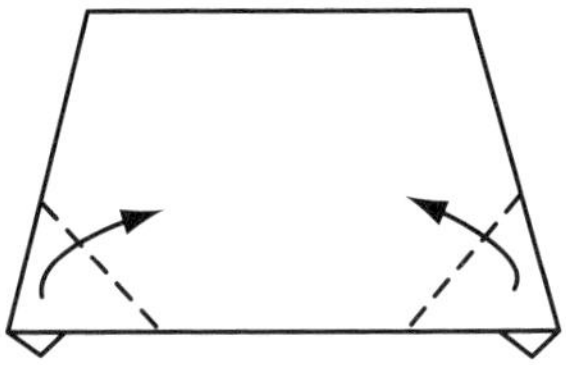

8

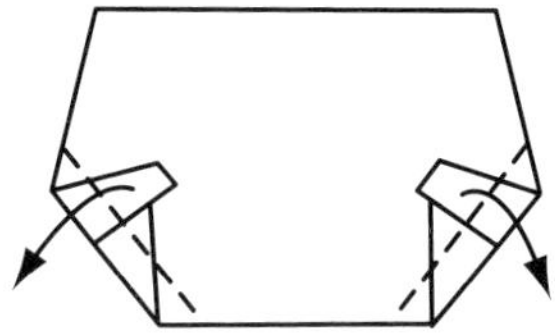

9

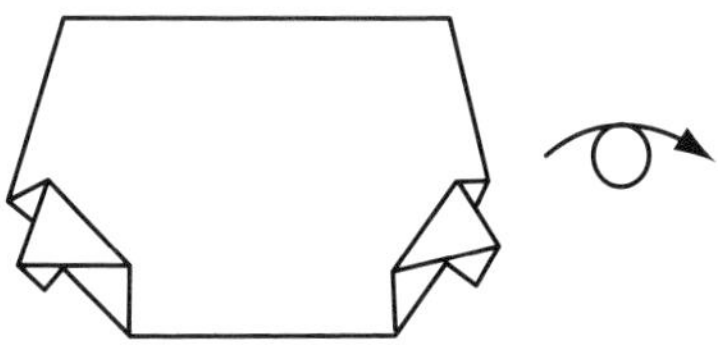

10

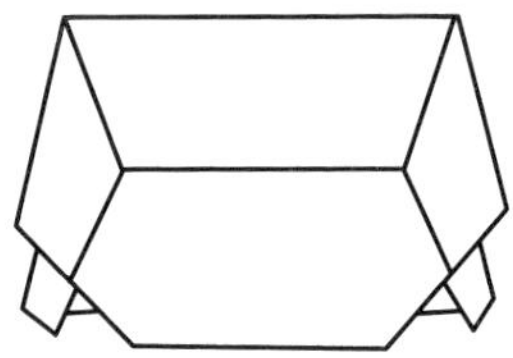

11 Ergebnis von Schritt 10.

12 Für die Augen jeweils z. B. ein Cent-Stück auf weißes Papier legen und mit Filzstift umfahren. Pupillen aufmalen. Die Augen ausschneiden und auf den Kopf kleben. Eventuell einen Mund aufmalen.

Schneehase

Abbildung & Materialangaben Seite 24/25

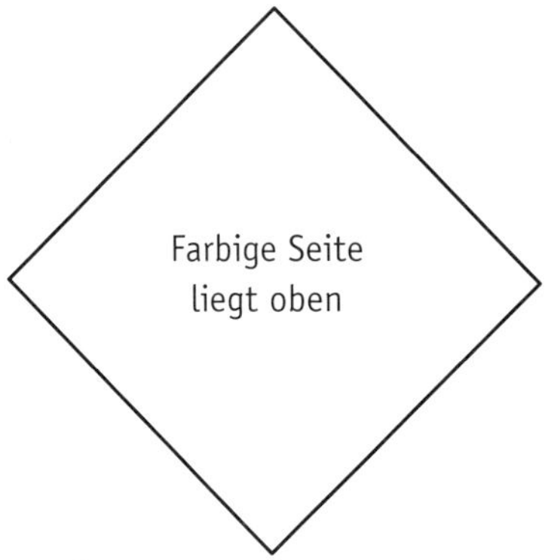

1

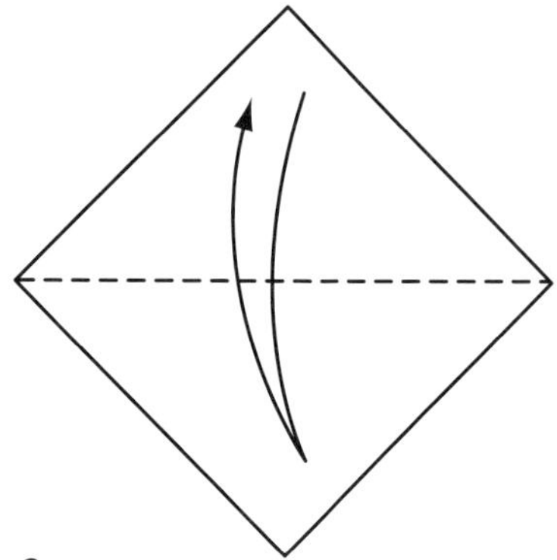

2

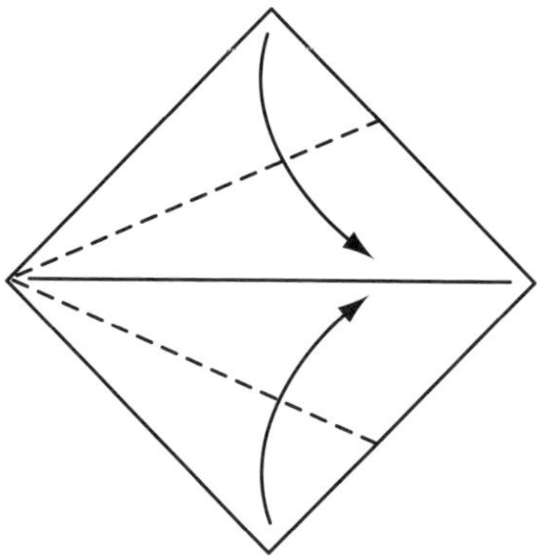

3

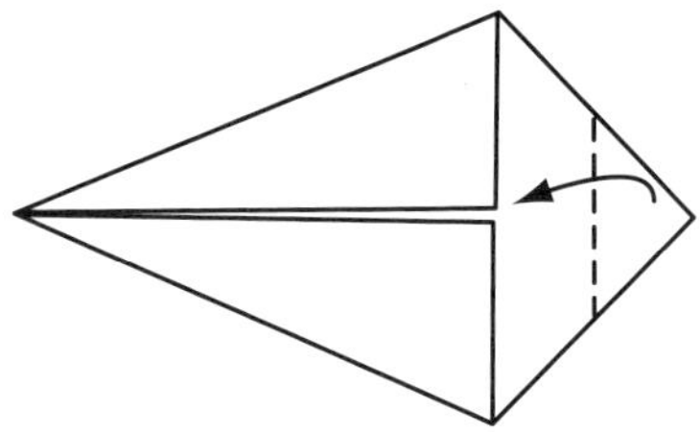

4

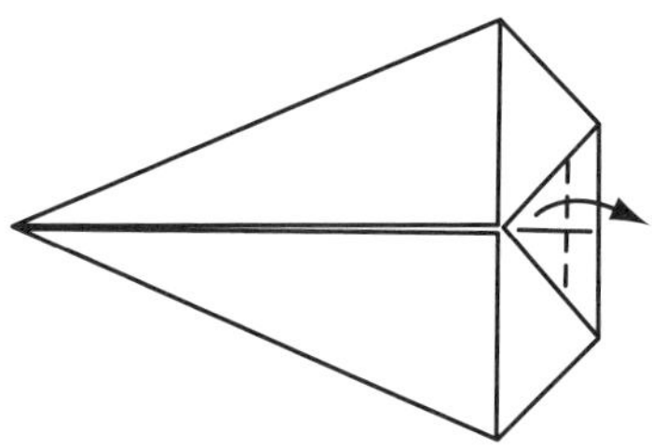

5

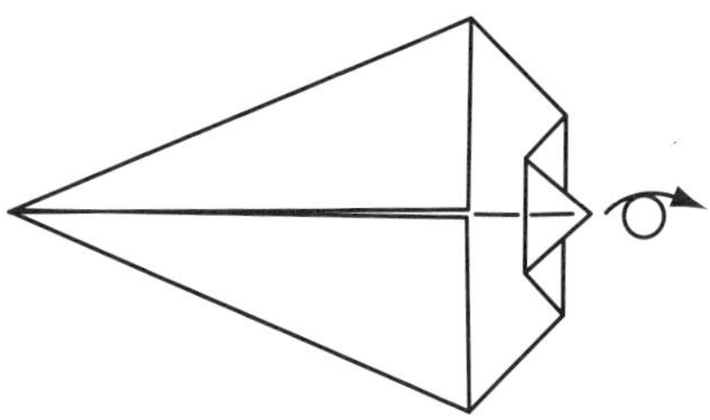

6

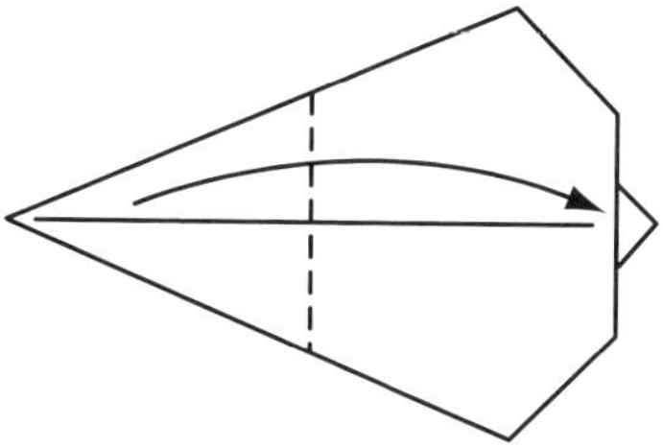

7

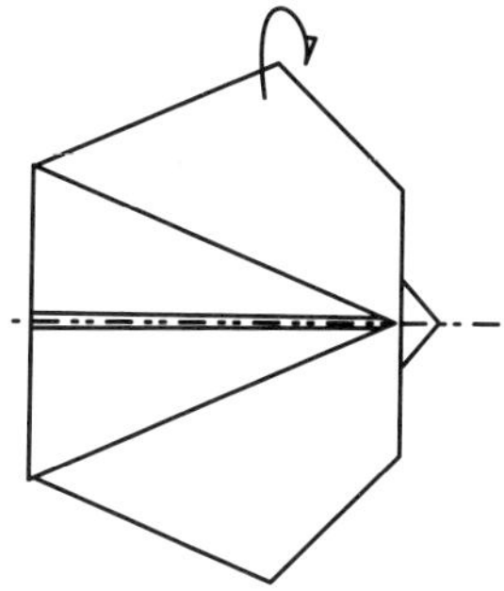

8 Zusammenklappen.

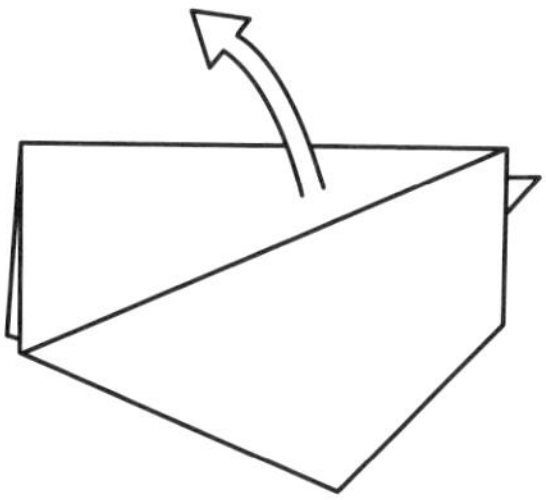

9 Die Ohren nach oben ziehen.

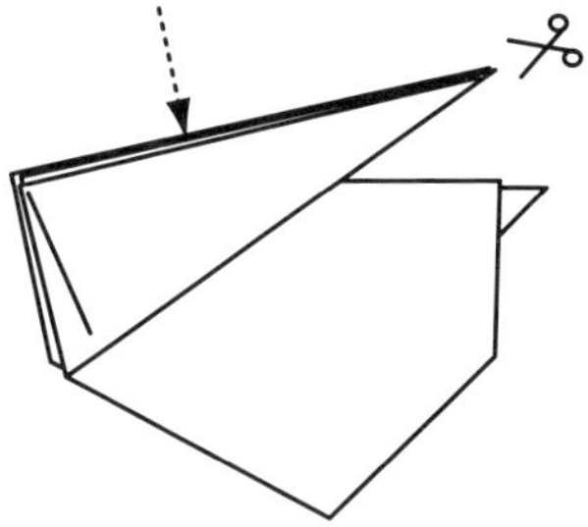

10 Die Ohren in der Mitte einschneiden.

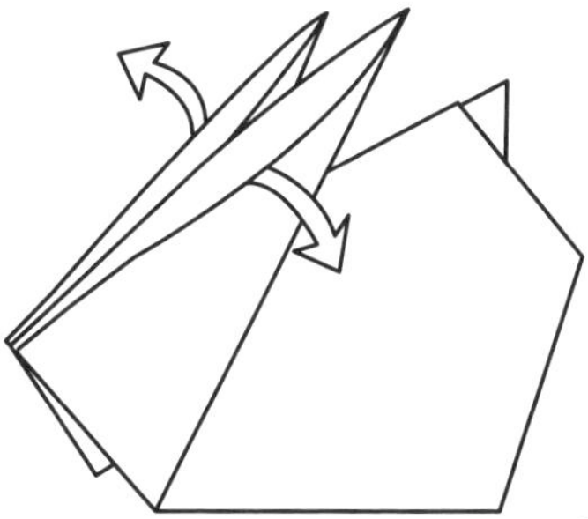

11

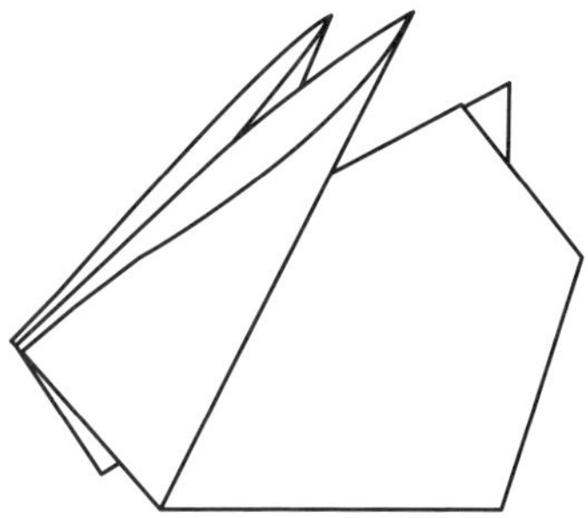

12

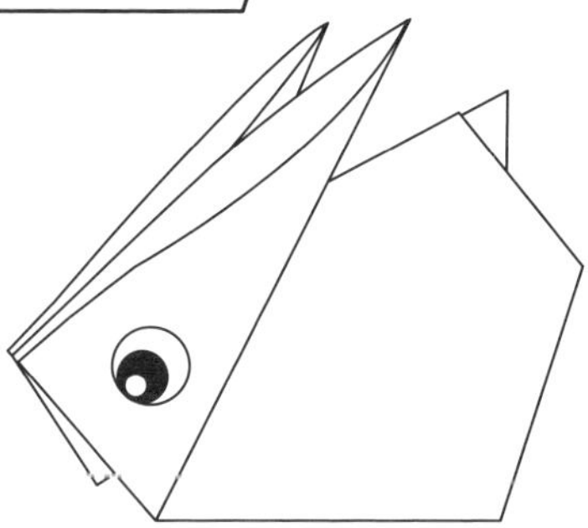

13 Eventuell Augen aufkleben.

Quadratische Schachtel

Abbildung & Materialangaben Seite 26/27

1

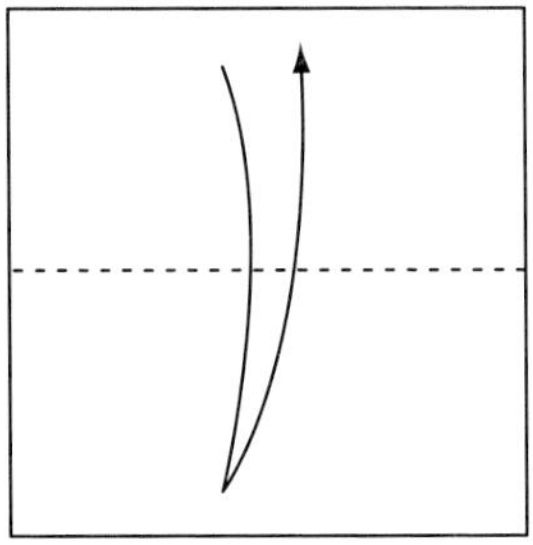

2

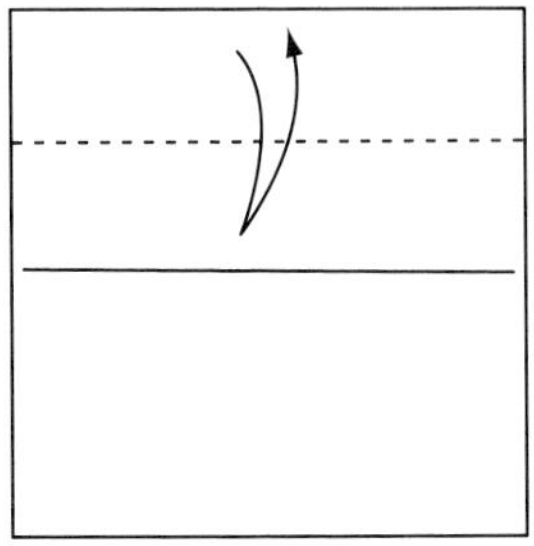

3

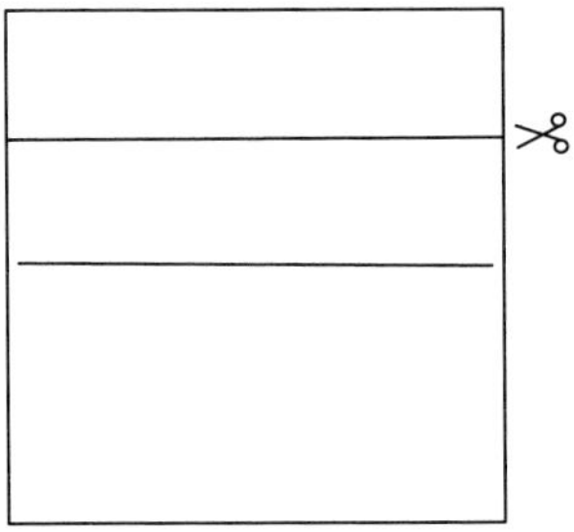

4

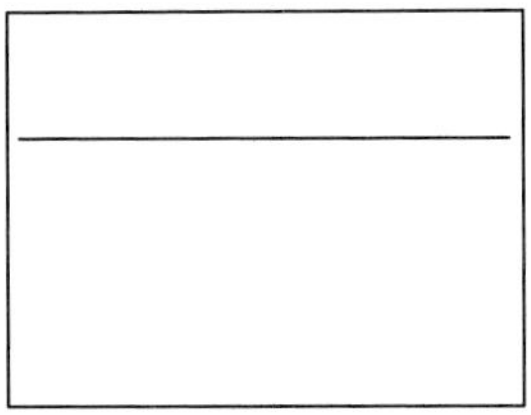

5

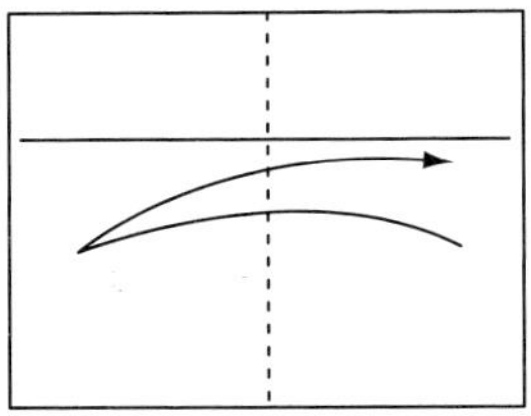

6

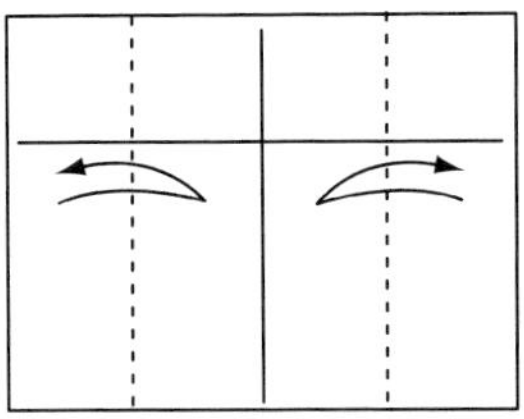

7

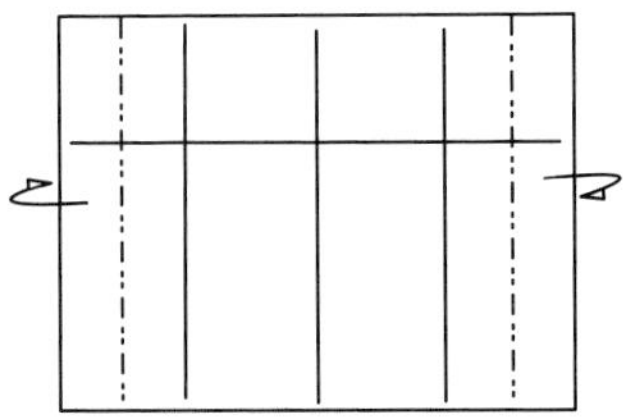

8

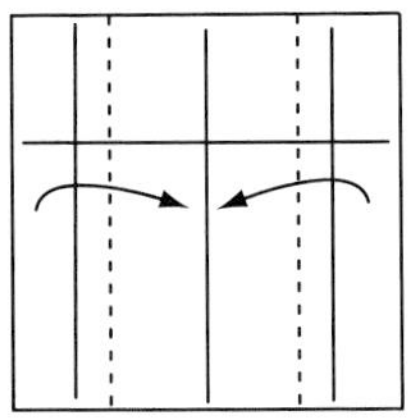

9

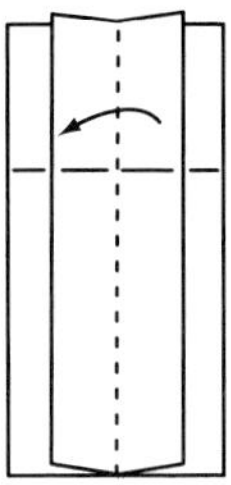

10

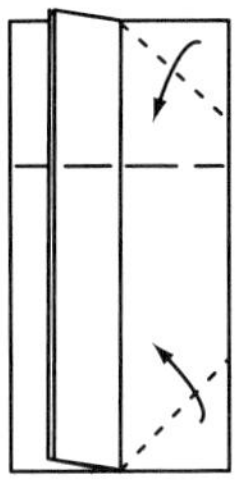

11

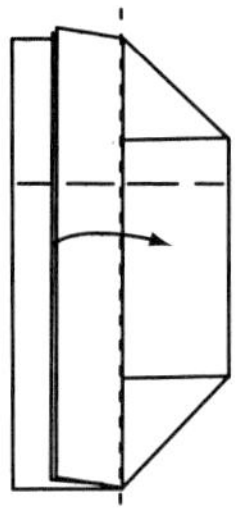

12

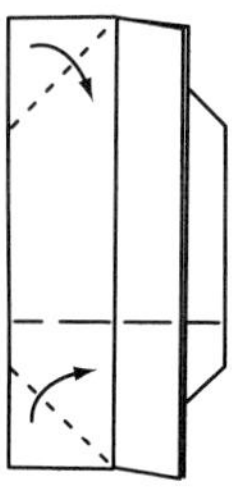

13

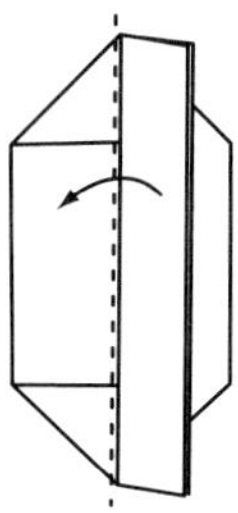

14 Nur die obere Lage nach rechts falten.

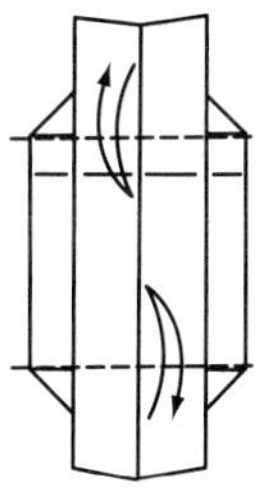

15

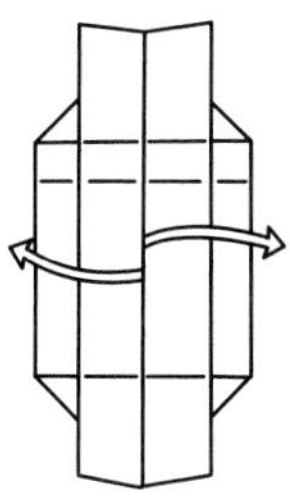

16 In die Schachtel hineingreifen und die Seiten auseinander ziehen.

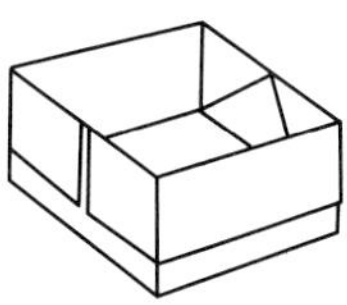

17

Rechteckige Schachtel

Abbildung & Materialangaben Seite 26/27

1

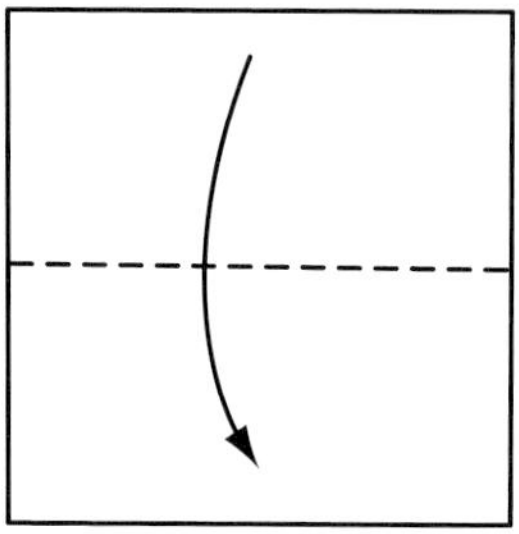

2

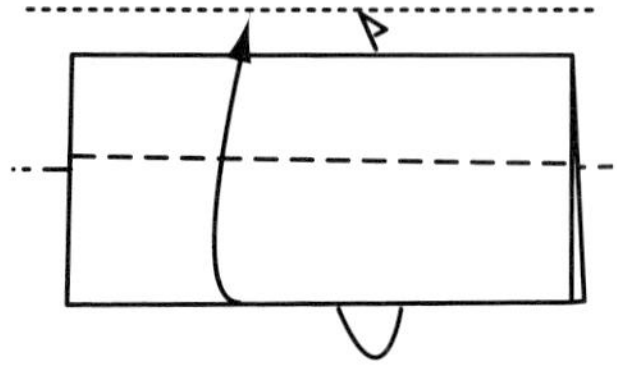

3

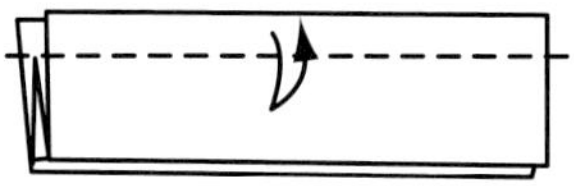

4

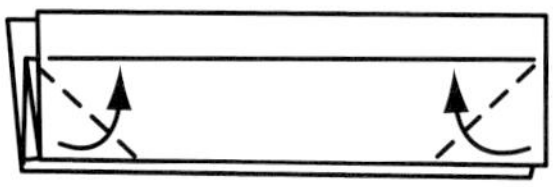

5 Nur die oben liegenden Ecken nach oben falten.

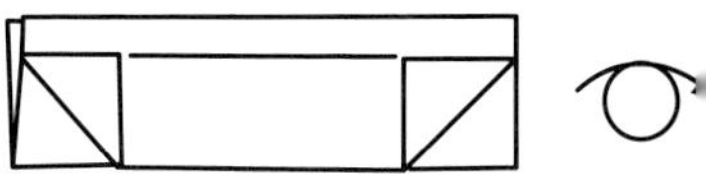

6

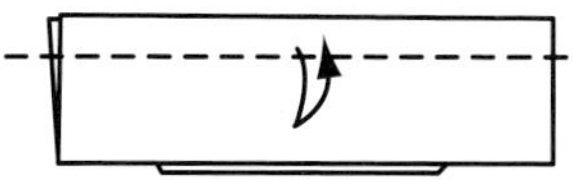

7

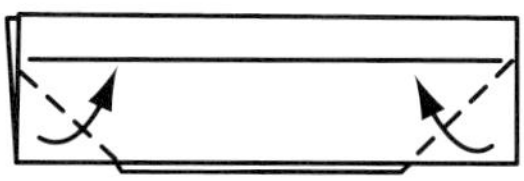

8

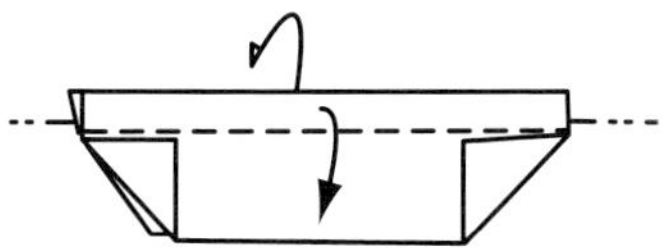

9

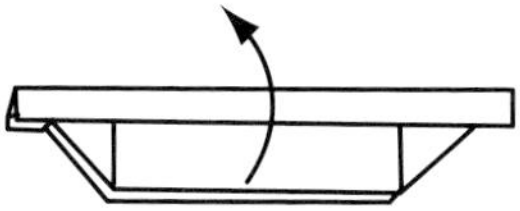

10

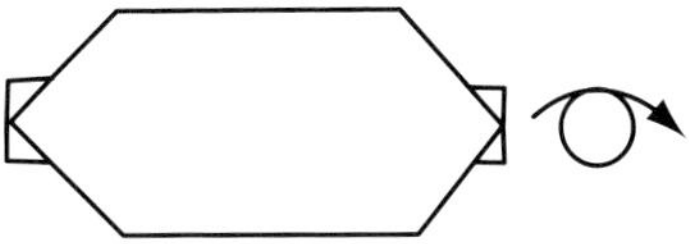

11 Ergebnis von Schritt 10.

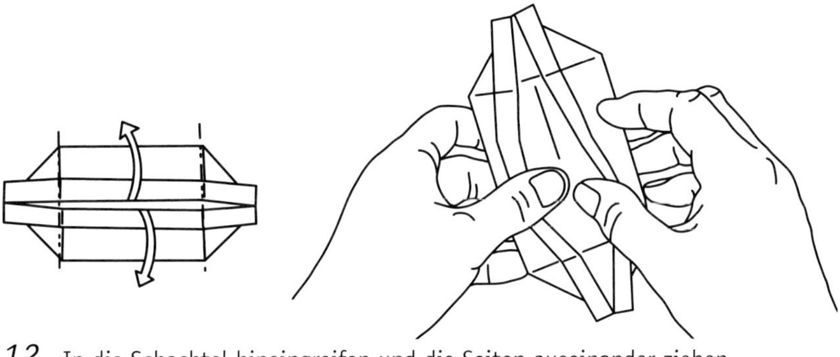

12 In die Schachtel hineingreifen und die Seiten auseinander ziehen.

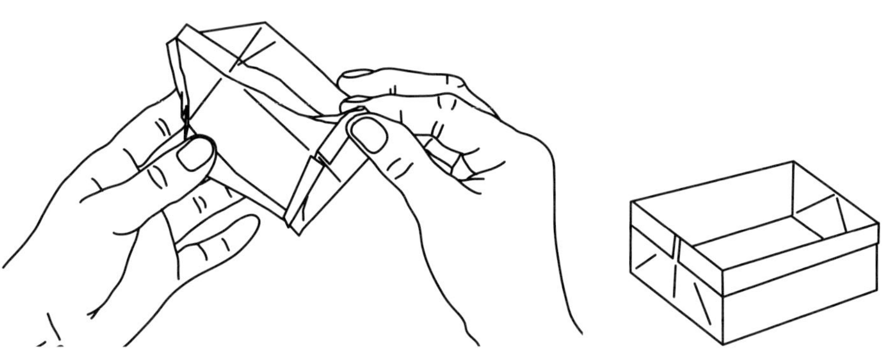

13 Die Kanten an allen vier Ecken nachziehen und die Schachtel formen.

Vogel

Abbildung & Materialangaben Seite 28/29

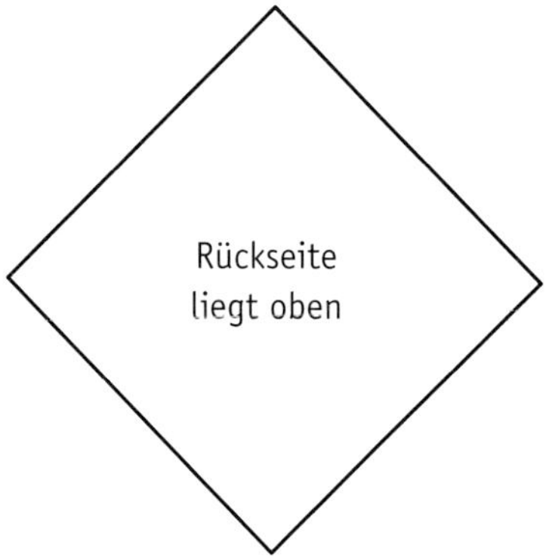

1

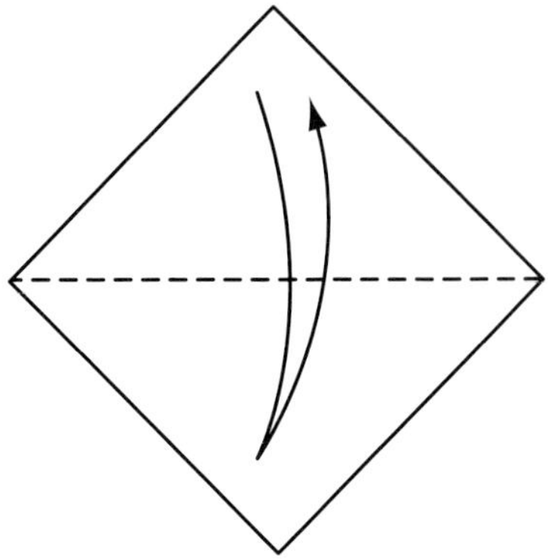

2

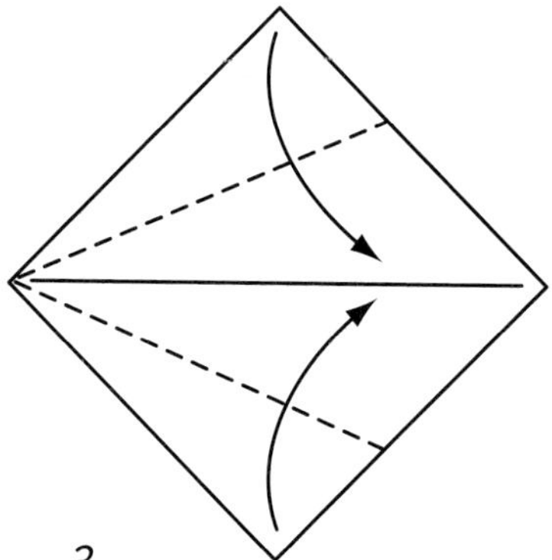

3

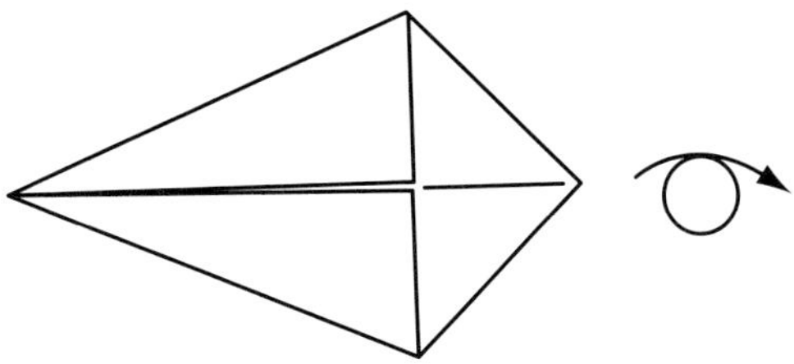

4

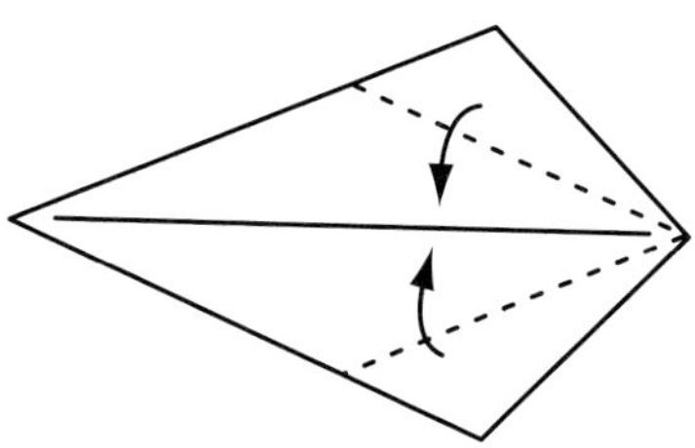

5

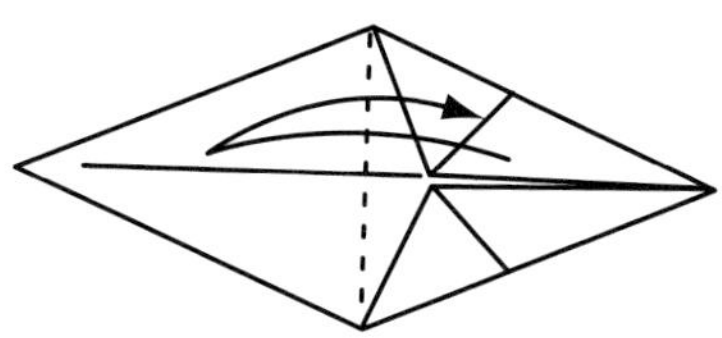

6

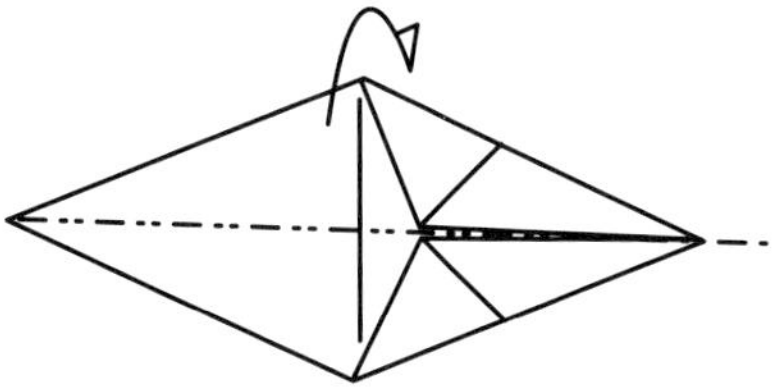

7 Zusammenklappen.

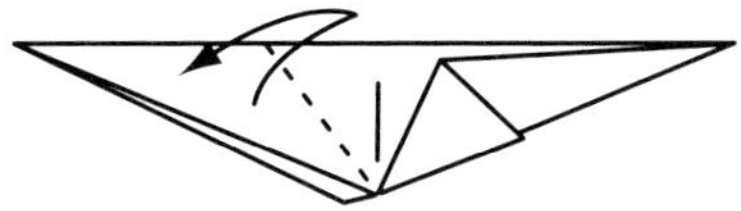

8 Falte am Halsansatz kräftig nachziehen und wieder öffnen.

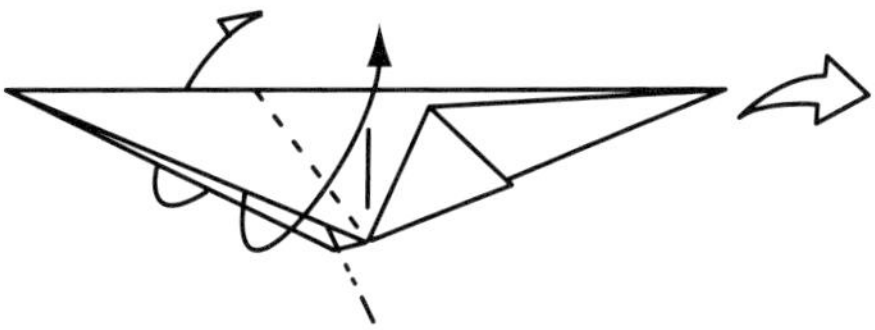

9 Den Hals über die vorhandene Falte nach hinten klappen.

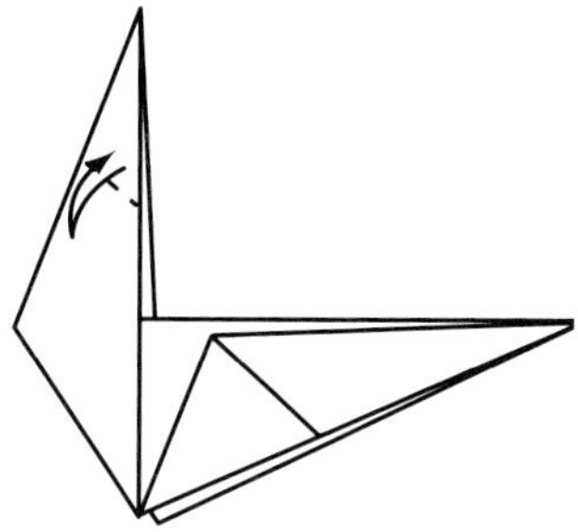

10

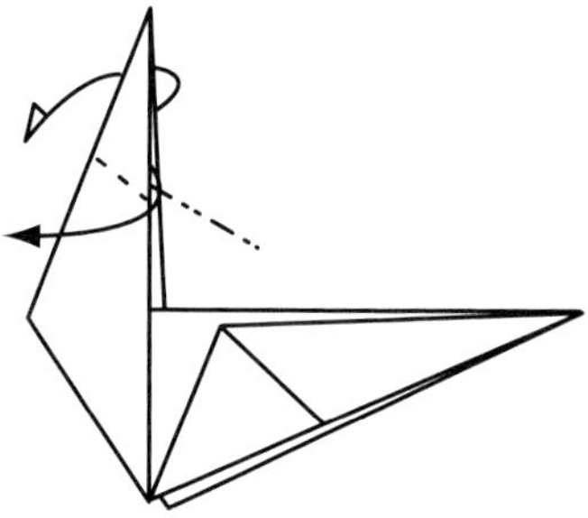

11 Den Kopf nach vorn herunterklappen.

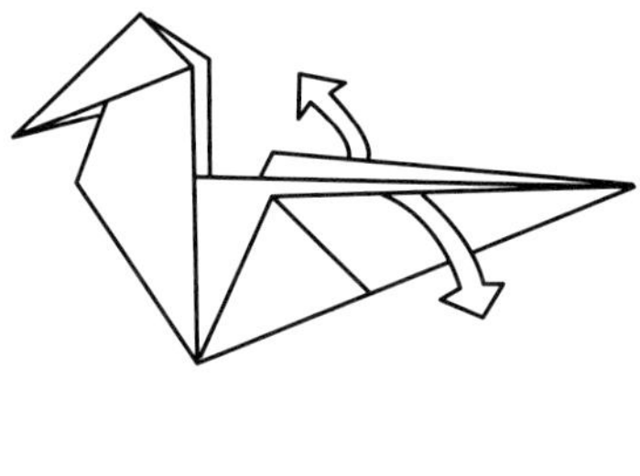

12

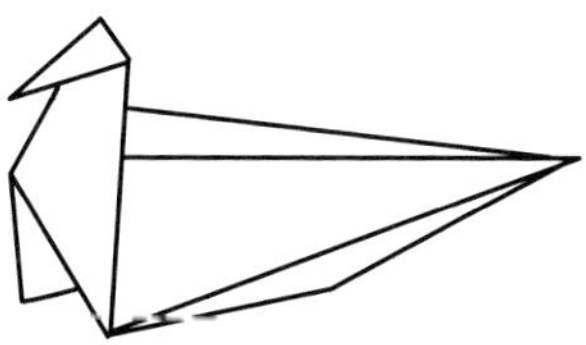

13

Fisch

Abbildung & Materialangaben Seite 30/31

1

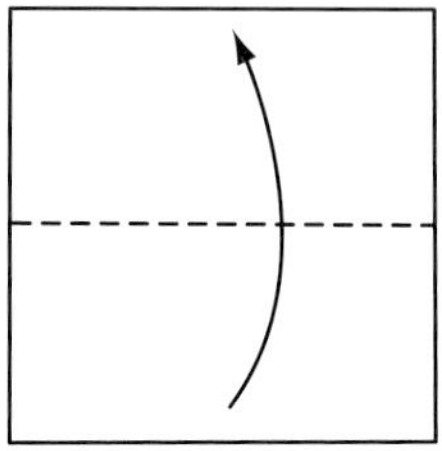

2

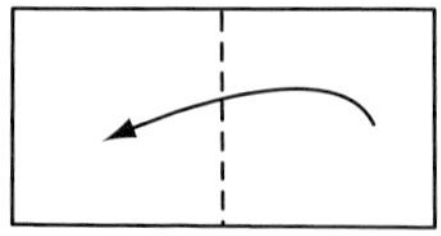

3

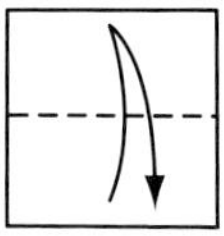

4

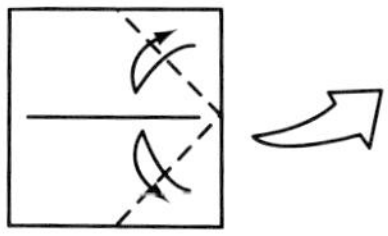

5

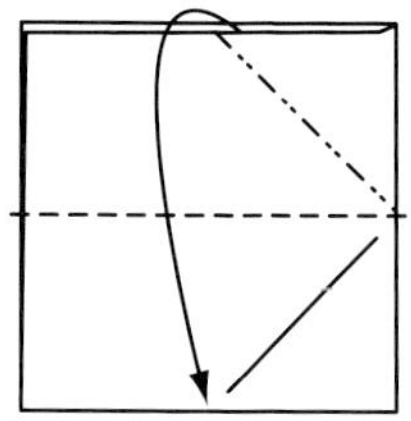

6

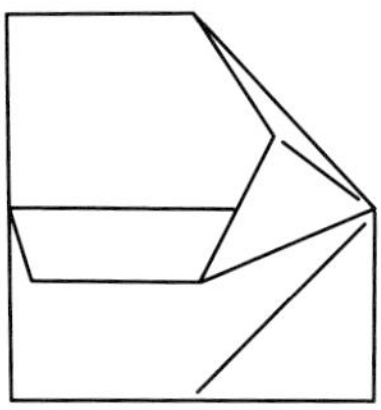

7

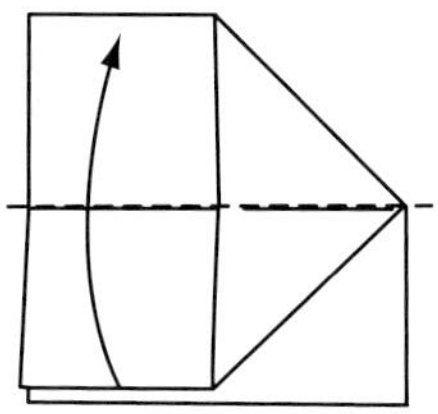

8

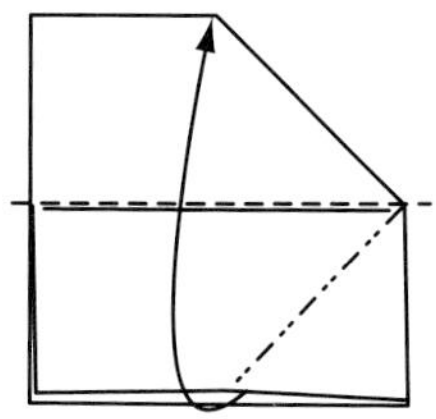

9

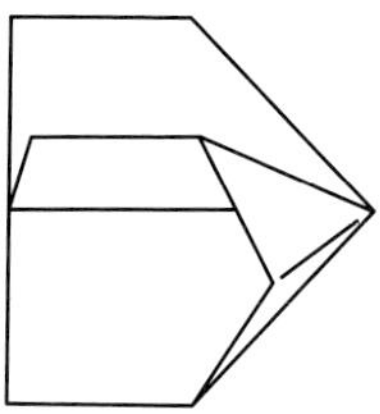

10

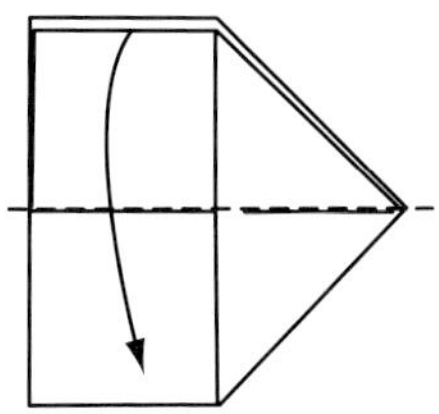

11

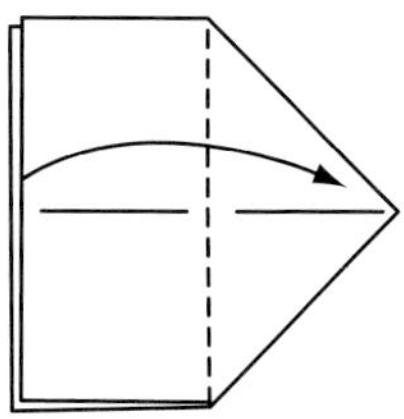

12 Nur die obere Lage nach rechts falten.

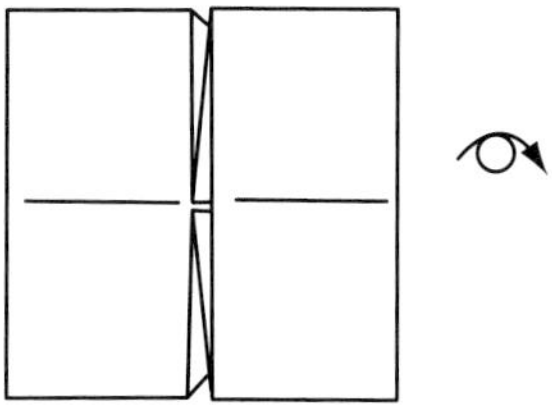

13

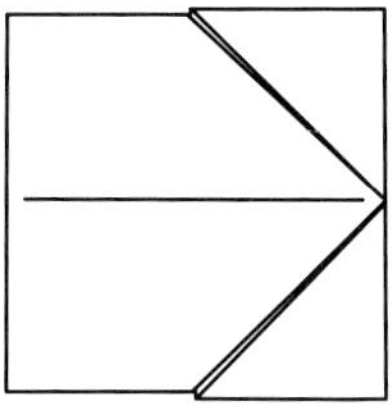

14

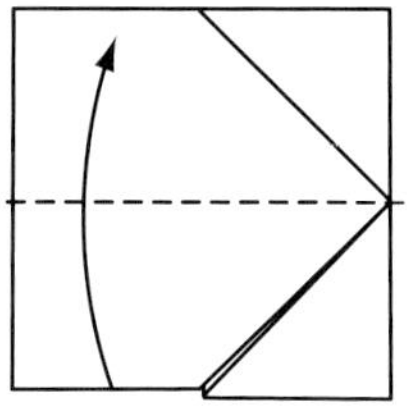

15

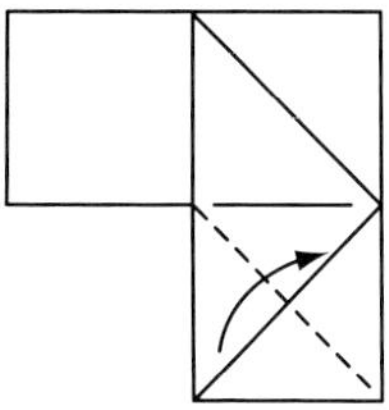

16

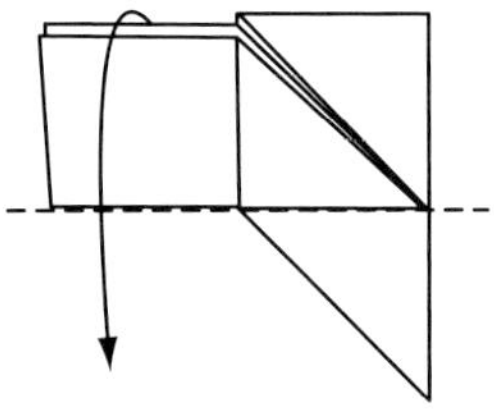

17 Beide Lagen nach unten falten.

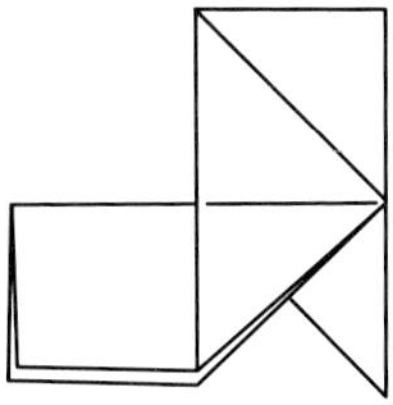

18

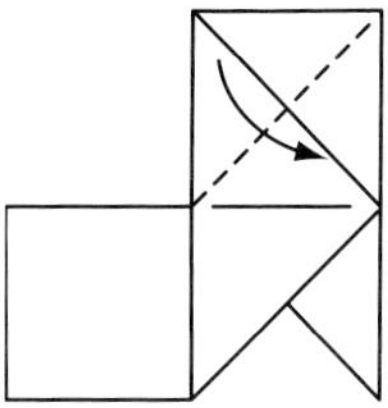

19

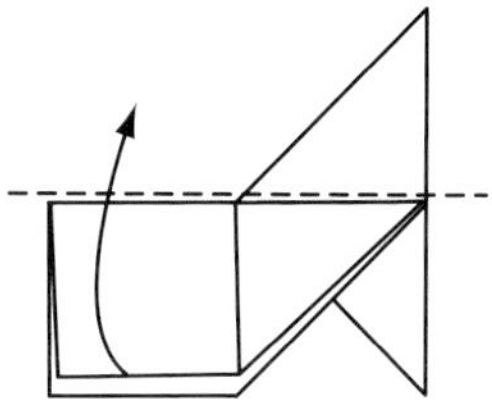

20 Obere Lagen falten.

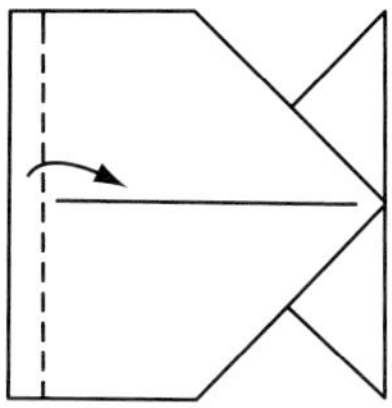

21

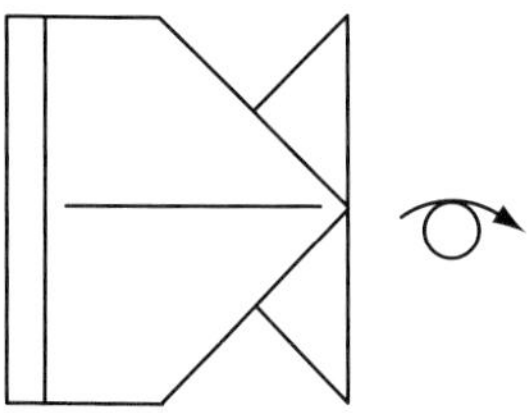

22

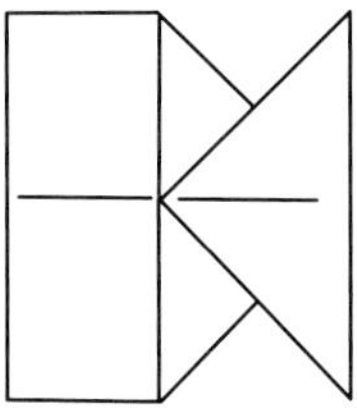

23

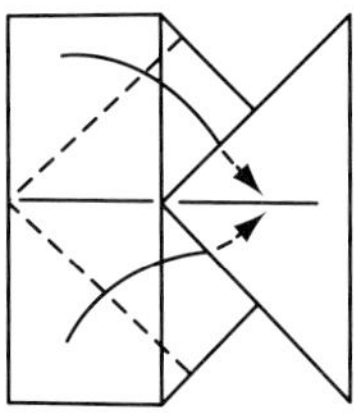

24

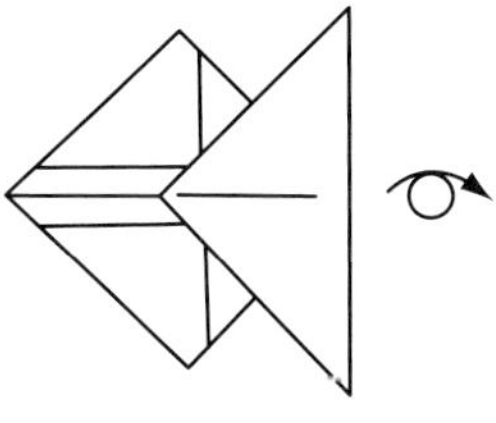

25

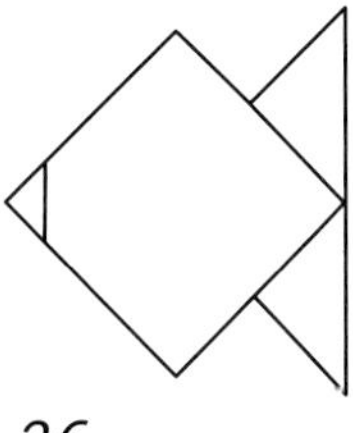

26

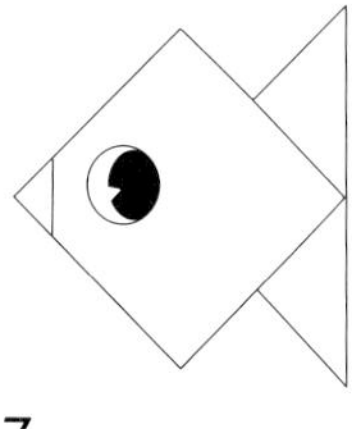

27

Seestern & Seeanemone

Abbildung Seite 30/31

Stern

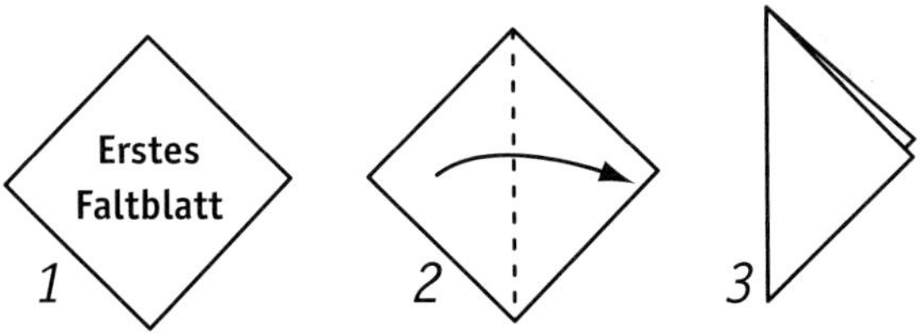

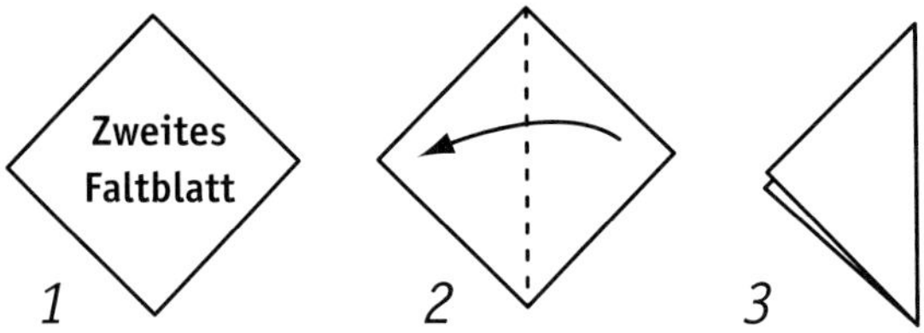

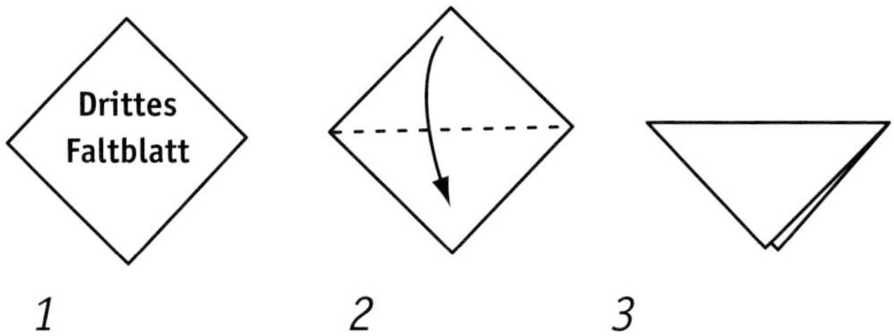

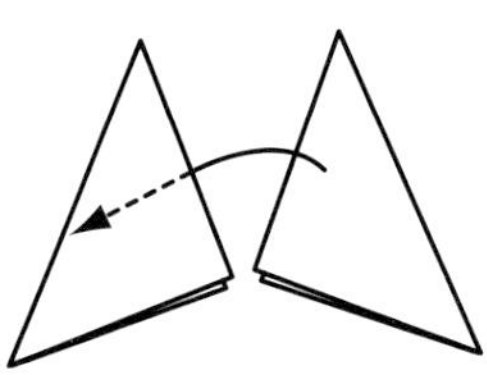

4 Dreieck 1 und 2 zusammenkleben.

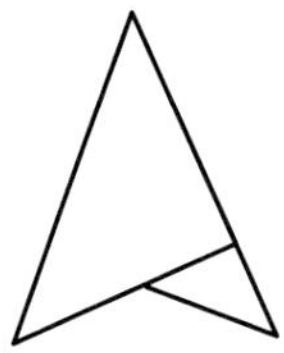

5 Ergebnis von Schritt 4.

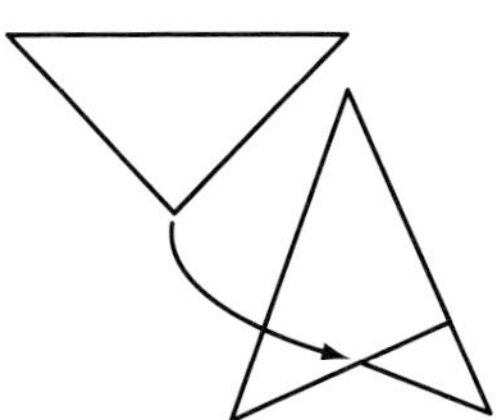

6 Dreieck 3 aufkleben.

7 Ergebnis von Schritt 6.

Blüte

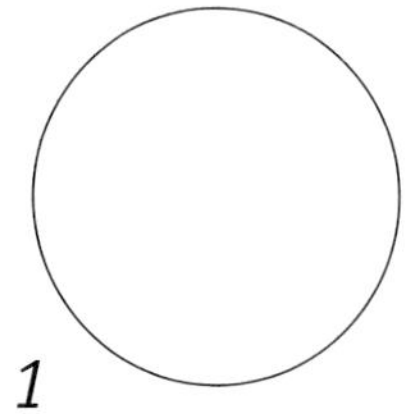

Drei Kreise von 5 cm Durchmesser ausschneiden.

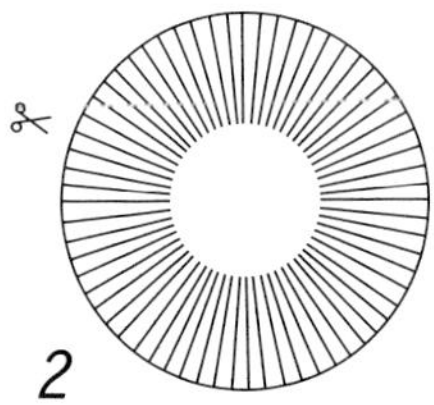

Rundherum fein einschneiden und die Kreise aufeinander kleben.
Die Papierstreifen vorsichtig über eine Scherenkante ziehen, damit sie sich leicht rollen.

Blätter

Die Blätter der Seeanemone nach der Anleitung von Seite 9 (mittlere Flügel des Schmetterlings) falten.

Pustespiel

Material

- Regenbogen-Faltblätter, 15 x 15 cm
- Schaschlikspieße

Vorlagenheft
Seite 16/17

Schwierigkeitsgrad

**

Flieger

Material

Flieger 1

- Transparentpapier-Faltblätter, 20 x 20 cm

Flieger 2

- Transparentpapier-Faltblätter, zugeschnitten auf 20 x 15 cm

Vorlagenheft
Seite 18/19

Schwierigkeitsgrad

**

Lustige Gesichter

Material

- Für jedes Gesicht 2 Faltblätter, 15 x 15 cm: eines in Hautfarbe, eines in Haarfarbe
- Papierreste in Weiß (für die Augen)
- Schere
- Filzstifte in Schwarz, Blau
- Klebstoff
- Münze als Schablone für die Augen

Vorlagenheft
Seite 20/21

Schwierigkeitsgrad

**

Schneehasen

Material

- Origami-Faltblätter, einseitig bedruckt, 19 x 19 cm oder 13 x 13 cm oder zugeschnitten auf 10 x 10 cm
- Schere

Vorlagenheft
Seite 22/23

Schwierigkeitsgrad

**

Schachteln

Material

Quadratische Schachtel

- Origami-Faltblätter, beidseitig unterschiedlich bedruckt, 15 x 15 cm,
  oder: jeweils zwei durchgefärbte Faltblätter in unterschiedlichen Farben, 15 x 15 cm
- Schere

Rechteckige Schachtel

- Origami-Faltblätter, beidseitig unterschiedlich bedruckt, 15 x 15 cm,
  oder: jeweils zwei durchgefärbte Faltblätter in unterschiedlichen Farben, 15 x 15 cm

Vorlagenheft
Seite 24 bis 27

Schwierigkeitsgrad

***

Vögel

Material

- Regenbogen-Faltblätter, 15 x 15 cm

Vorlagenheft
Seite 28/29

Schwierigkeitsgrad
***

Unter Wasser

Material

Allgemein
- Bleistift
- Schere
- Klebstoff

Fische
- Transparentpapier-Faltblätter in Weiß, Gelb, 20 x 20 cm
- Papierreste in Weiß
- Filz- bzw. Lackstifte in Weiß, Orange, Blau, Schwarz
- Münze als Schablone für die Augen

Seeanemonenblüte
- Faltblätter in Gelb
- Zirkel oder als Schablone eine Dose mit 5 cm Durchmesser

Seeanemonenblätter
- Faltblätter in Violett, 15 x 15 cm

Für jeden Seestern
- 3 Faltblätter, zugeschnitten auf 5 x 5 cm

Vorlagenheft
Seite 9 (Seeanemonenblätter); Seite 30 bis 32

Schwierigkeitsgrade

Fisch
* * * *

Seeanemonenblätter
* * *

Blüte, Seestern
*

Impressum

ISBN-13: 978-3-419-56704-3
ISBN-10: 3-419-56704-9

2. Auflage 2006

Lektorat und Produktion:
Elke Fox, Freiburg

Styling und Fotos:
Christoph Schmotz, Freiburg

Covergestaltung und Layoutentwurf:
Network!, München

Coverrealisierung:
smp, Freiburg

Druck:
Freiburger Graphische Betriebe

Verlag Herder GmbH
Christophorus-Verlag
Hermann-Herder-Str. 4
79104 Freiburg
Tel.: 0761/2717-0
Fax: 0761/2717-352
E-mail:
info@christophorus-verlag.de
www.christophorus-verlag.de

Weitere Titel aus dieser Reihe

978-3-419-56674-9
3-419-56674-3

978-3-419-56708-1
3-419-56708-1

978-3-419-56501-8
3-419-56501-1

978-3-419-56505-6
3-419-56505-4

Kreativ-Service

Sie haben Fragen zu den Büchern und Materialien? Frau Erika Noll ist für Sie da und berät Sie rund um die Themen Basteln und kreatives Hobby. Rufen Sie an! Wir interessieren uns auch für Ihre eigenen Ideen und Anregungen. Schreiben Sie an Frau Noll oder direkt an den Verlag, wir hören gern von Ihnen! Per E-Mail: **mail@kreativ-service.info** oder Tel. **071 50/30 27 77** | Mo. – Do.: 9.00 – 16.00 Uhr / Fr.: 9.00 – 13.00 Uhr